信息化时代高校英语教学研究

江淼素子　汪明明　潘雅婷　著

延吉·延边大学出版社

图书在版编目（CIP）数据

信息化时代高校英语教学研究 / 江淼素子，汪明明，潘雅婷著. -- 延吉：延边大学出版社，2024.9.

ISBN 978-7-230-07133-8

Ⅰ. H319.3

中国国家版本馆 CIP 数据核字第 2024JZ9818 号

信息化时代高校英语教学研究

著　　者：江淼素子　汪明明　潘雅婷
责任编辑：魏琳琳
封面设计：文合文化
出版发行：延边大学出版社
社　　址：吉林省延吉市公园路 977 号
邮　　编：133002
网　　址：http://www.ydcbs.com
E-mail：ydcbs@ydcbs.com
电　　话：0433-2732435
传　　真：0433-2732434
发行电话：0433-2733056
印　　刷：三河市嵩川印刷有限公司
开　　本：787 mm×1092 mm　1/16
印　　张：11.75
字　　数：180 千字
版　　次：2024 年 9 月　第 1 版
印　　次：2025 年 1 月　第 1 次印刷
ISBN 978-7-230-07133-8

定　　价：68.00 元

前　言

在信息化浪潮的席卷下，高校英语教学正经历着一场深刻的变革。信息技术的迅猛发展不仅极大地丰富了教学资源和手段，也为高校英语教学带来了前所未有的机遇与挑战。

本书旨在全面剖析信息化时代对高校英语教学的影响，深入探讨其意义与目标，分析优势与挑战，并系统梳理当前高校英语各项教学（包括听力、口语、阅读、写作及翻译）的现状。进一步地，我们将探索信息化时代下的新型教学模式，如翻转课堂、微课、慕课及动态分层教学，以期为教学实践提供理论指导。同时，本书还将深入解析信息化时代高校英语教学内容的变化与特点，以及如何通过教学创新，包括课堂教学、教师能力、学习方式和教学评价等方面的创新，来适应这一变革，提升教学效果。最后，通过实践研究，特别是线上线下混合式教学和翻转课堂在教学中的具体应用，我们将验证理论假设的可行性，为信息化时代高校英语教学的持续优化与发展提供实证支持。

目 录

第一章 绪论 ··· 1
第一节 信息对高校英语教学的影响 ·································· 1
第二节 信息化时代高校英语教学的意义与目标 ··················· 3
第三节 信息化时代高校英语教学的优势与挑战 ··················· 5

第二章 信息化时代高校英语教学的现状 ······························· 8
第一节 信息化时代高校英语听力教学的现状 ······················ 8
第二节 信息化时代高校英语口语教学的现状 ······················ 12
第三节 信息化时代高校英语阅读教学的现状 ······················ 19
第四节 信息化时代高校英语写作教学的现状 ······················ 21
第五节 信息化时代高校英语翻译教学的现状 ······················ 30

第三章 信息化时代高校英语教学模式 ·································· 33
第一节 信息化时代高校英语微课教学模式 ························· 33
第二节 信息化时代高校英语慕课教学模式 ························· 40
第三节 信息化时代高校英语动态分层教学模式 ··················· 47

第四章 信息化时代高校英语教学内容解析 ···························· 51
第一节 信息化时代高校英语听力教学 ································ 51
第二节 信息化时代高校英语口语教学 ································ 62
第三节 信息化时代高校英语阅读教学 ································ 80
第四节 信息化时代高校英语写作教学 ································ 94

第五章 信息化时代高校英语教学创新······108

第一节 信息化时代高校英语课堂教学创新······108
第二节 信息化时代高校英语教师能力创新······112
第三节 信息化时代高校英语学习方式创新······139
第四节 信息化时代高校英语教学评价创新······161

第六章 信息化时代高校英语教学的实践研究······169

第一节 信息化时代线上线下混合式高校英语教学实践······169
第二节 信息化时代高校英语教学中翻转课堂的实践研究······173

参考文献······179

第一章 绪论

第一节 信息对高校英语教学的影响

在高校英语课堂上运用信息技术具有诸多的实用意义,它使英语教学的总体内容具有可操作性,更能突出学生的主体性,有效地提高了课堂教学的效率,有利于英语教学的进一步深化。

一、提高了英语教学资源的可操作性

信息化教学的优点在于它给英语课堂带来了一个开放性的学习环境,特别是它所拥有的丰富教学资源,可以协助教师根据学生的具体情况,进行灵活的资源选择与运用,给学生提供更多自主学习的空间,为学生进行合作学习和自主学习创造更好的条件。

二、突出了学生的主体地位

传统教学中的师生关系,已经不能与教育改革的节奏相匹配,特别是在信息化教学手段逐步融入的情况下,教师与学生在课堂中所扮演的角色也出现了显著的改变。在英语教学过程中,教师从原来的主导者,转变为整个课堂的组

织者和引导者，学生也从被动的接受者，变成了完整的教学环节的实施者。在英语信息化的课堂上，学生可以通过信息技术平台来巩固所学的知识，并根据自己的能力进行多种扩展，获得更大的自主权。

三、促进了高效课堂的实现

信息技术是一种将多种信息资源有机结合起来的高效的教育工具，它以其独特的、活灵活现的教学情境，实现了"教"和"学"的完美结合，使得英语整体知识的传授变得更为直接，给具有不同特性的学生带来了更为自由和独立的学习方式，极大地激发了他们对英语的学习兴趣，极大地提高了课堂的效率。

四、有助于活跃课堂氛围

信息化教学的使用，通过信息技术方式和手段来取代某些传统的教学流程与环节，依靠信息化的形式进行呈现，这对学生而言是一种更加容易接受的教学方式，在信息化教学模式的驱动下，学生更加容易产生学习的积极性，在课堂上的参与度会更高。

五、有助于拓展教学内容

高校英语教学如果只看书，学生的眼界就会被限制，无法提高自己的整体水平。但运用信息化教学，可以从多个角度对教学内容进行扩展，从而使课堂教学变得更丰富，能够获得更好的教学效果。

六、能够创造自主学习空间，强化学生自主学习

运用信息技术，在课外创造一个独立的学习空间，使学生能够在课后进行独立的学习，扩大英语教学的范围，使学生能够在课后进行学习，以便英语水平得到持续的提升。

第二节 信息化时代高校英语教学的意义与目标

一、信息化时代高校英语教学的意义

（一）有利于更新教学理念与教学模式

语言最主要的作用就是交流和沟通，在其实质上，语言教学就是一种使用交际手段进行的教学，因此，语言教学并不只是教授知识，更多的是培养学生的能力。传统高校英语教学以"知识传递"为主要目的，高校英语教师通过各种辅助手段把课本中的知识传递到学生手中，让学生通过学习来理解英语课本中的主要知识，从而获得新的知识。在信息时代，教师要充分利用自己的优势，在教学内容、教学方法、课程设置等方面进行整合，从而实现现代化的信息技术教学，这对更新教学观念和教学方式，提高学生英语学习的积极性和创造性具有重大的现实意义。

（二）有利于更新教学方式

传统英语教学一直是围绕课本内容展开的，在课堂上，教师采用的是一种单调乏味的教学方法。在信息化的快速发展过程中，要充分运用信息技术来更

新教学方式，丰富教学内容，这对提高原教材的知识容量，拓展教师的教学手段起到了很大的作用。教师利用先进的教学材料（电脑、多媒体、音像教学），为学生营造一种直观而生动的学习环境，这样才能更好地展现出高校英语的可操作性。在这样的学习环境下，学生听、说、读的欲望便会被激发出来，对运用语言进行交流也就有了浓厚的兴趣。

（三）有利于构建信息化教学平台

高校英语教学的三个要素：目标、情境和学生。在教学过程中，教师要把这三个要素融合起来，并进行有效的指导和配合，营造一个"教—学—用"的英语情境，借助信息化的技术，依托网络，以学生为主体，在一定的语言情境下，突破传统英语教学的局限，把网络和英语课堂联系起来，这样，既能丰富英语课堂教学内容，又能扩大网络的使用范围。信息技术的运用，为高校英语课堂提供了一种全新的教学方式，使课堂教学从单一和平面化转变为多样化，在信息化构建的过程中发挥着不可替代的作用。

二、信息化时代高校英语教学目标

（一）提高高校英语课堂教学效果

随着资讯科技与网络通信的普及，目前各行各业都在运用多媒体技术。在高校英语课堂上，利用信息技术，教师能向学生展示多种英语知识，让他们对英语有一个整体认识。相比于传统的死记硬背，在信息技术的帮助下，教师可以利用各种先进的教学软件、教学视频、教学素材，甚至是3D的仿真场景，来满足学生的好奇心，激发他们的学习热情。而且，随着信息技术的发展，教师与学生的关系变得越来越融洽，课堂的学习气氛也会变得越来越活跃。

（二）提高学生英语学习积极性

英语教师在讲课时，如果能充分地运用好时间，让学生感觉到课堂内容条理清晰,那么,就会引起他们的情感反应。教师还可以利用信息技术,为学生建立知识和情境之间的连接,引发学生的思考,并邀请学生发表自己的看法和感受。学生们在相互交流和合作的过程中,可以碰撞出各种新式思维,这既可以有效地调动学生学习的积极性,也可以让学生在学习的过程中感受到成就感,使学生在以后的持续学习中也能保持高昂的热情。

（三）促进学生创新思维的培养

在 21 世纪,培养适应现代社会发展需要的高素质、高水平的人才,是当前高校教学改革的一个重要方向。在课堂中,教师利用信息技术,为学生提供多种优良的学习平台,让他们拥有足够的思维空间,每一位学生都可以学习别人的长处,弥补自己的短处,通过大胆猜想、合理推断,以及真实演练,来理解和巩固知识,并在此基础上,培养自己的创新能力。教师还可以借助信息化平台,对学生的学习过程和学习结果进行实时掌握,方便教师有针对性地调整自己的教学进度,进一步设计符合学生创新能力的教学内容。

第三节 信息化时代高校英语教学的优势与挑战

一、信息化时代高校英语教学的优势

（一）信息技术的高速发展为教学提供了丰富的资源

在传统的英语课堂上,纸质教科书占据着很大的比重,是学生获取知识的一个主要渠道。学生获得知识的方式非常简单,并且没有进行系统的归纳和整理。随着现代教育技术的发展,为学生和教师提供了更多的信息。现在的英语教科书有很多种，比如纸质的课本、光盘，这样可以让学生更直接地了解学习内容。教师可以把英语教学资源和信息技术相结合，把知识放到网上，以便学生在课堂、课外的学习中运用。

（二）运用信息化教学可以改变教学、学习的方法

传统英语课堂上普遍存在着"一边倒"的教学方式，它忽略了学生的主体地位。但是，运用信息技术的教学模式，打破了英语教学封闭、孤立和片面的局面，教学手段也从原来的单一和传统的纸本，逐步发展到了多媒体课件和各种网络教学平台。这样就能以一种更直接、更清晰的方式来表达知识。对信息化教学方法的运用，特别是在课堂上，通过使用手机学习平台进行在线学习，极大地调动了学生的学习积极性，提高了他们的课堂参与度。

（三）信息技术的应用促进了教学评价方式的变革

现代化的信息技术可以有效地监督学生的自主学习，同时还可以利用信息化的方法，对学生在网络平台上的学习过程进行自动的记录，为以后的评价提供了便利。在英语教学过程中，教师对学生的评价往往只有一个最终的结果，而这一结果又过于主观。要想提高学生的学习效率，并有效地解决这些问题，应该采取一种将教学与评价有机结合起来的方法，从而确定教学目标，对教学过程进行跟踪观察，并对教学的最终结果进行反馈。

二、信息化时代高校英语教学的优势与挑战

（一）高校英语教学课堂面临的挑战

高校英语课程分为高校英语综合课、高校英语视听说课、高校英语口语课等主要课型，除了视听说课是在多媒体教室进行授课，其他课型都是在传统教室进行授课，教师主要依靠黑板、粉笔讲授课程。随着教育信息化的不断推进，这种传统的教学模式已经越来越不能满足学生的需求。在课堂上，一些学生会

摆弄手机，注意力不集中，上网搜索练习答案或课文翻译。从这些学生的课堂表现上可以看出，教育信息化已经引起了教学环境、教学方法的转变。因此，在高校英语教学中，要把传统的教学方法和网上的教学方法有机地融合起来。

（二）教育资源表现形式面临的挑战

在传统以纸质课本为主的课堂中，学生获得的信息是以教师和课本为主要来源。随着计算机、多媒体、网络等技术的广泛使用，尤其是随着智能移动电话的兴起，电子的课程信息已逐渐占据了高校英语教育的主导地位。借助校园网和 Internet 的支持，学校的教育资源得到了极大的充实和扩展，教师和学生可以通过网上的教育系统来完成备课和自学。为了适应信息时代对传统的高校英语课本的需求，高校英语课本由单一的纸质课本转变为以纸质课本、光盘和网络为主体的三维课本。通过将与图书馆有关的数字化教材和电子教案等内容共享到网上的学习社群中，使高校英语课程的内容更为广泛，并能快速地得到推广。

（三）教学方式和学习方式面临的挑战

随着计算机技术在高校英语教学中的运用，教师的教学手段有了很大的变化，多媒体课件、网络教学系统等都是必不可少的教学手段。如何将高校英语课堂转向讨论式、交互式的模式成为高校英语课堂教学面临的主要问题。与此同时，学生的学习方式也发生了很大的改变，在以前的传统课堂中，听课是学生学习的主要方式。在课堂融入信息技术后，学生可以通过操作平台直接参与到课堂中，学生学习的主体性和主动性得到发挥，学习方式正在从被动走向主动。

第二章 信息化时代高校英语教学的现状

在经济全球化程度日益加深的今天,英语作为国际通用语言在国际交流方面所发挥的作用日益凸显。作为我国实施高等教育的载体之一,高校理应将应用型人才的培养目标提升至教育工作主要目标的位置;而英语应用型人才的培养目标具体来说就是使学生具备综合应用英语这门语言的能力。本章分为高校英语听力教学的现状、高校英语口语教学的现状、高校英语阅读教学的现状、高校英语写作教学的现状以及高校英语翻译教学的现状五部分。主要内容包括听力理解的性质、听力理解的过程、高校英语口语教学的特点、高校英语阅读教学的特点等方面。

第一节 信息化时代高校英语听力教学的现状

一、听力理解的性质

所谓听力理解,即对储存在大脑中的原有信息进行有目的的运用,并选择、整理和加工耳朵所接收的新信息,从而不断获取新知识的过程。听力理解这一技能是一个独立且复杂的过程,包括信息的输入、处理以及输出等环节。一般来讲,影响听力的因素有很多,主要分为语言因素和非语言因素。所谓语言因素,即语音、语速、语法等知识。所谓非语言因素,即传统英语听力教学法、教师素质、心理因素等。听力理解不仅会影响人们获得有效信息,也是外语学习、欣赏、交际、应试能力发展过程中非常重要的因素。

有学者总结出了以下五点关于听力理解的性质:

第一,辨认单词并记住与该单词相联系的意义。

第二,理解每一个单词是如何与语境发生相互作用,并为邻近单词的意义创造语境的。

第三,理解每一个句子在局部上下文中的意义。

第四,理解语篇主要涉及以下两个方面:一是按照语篇的局部语境所提供的知识和背景知识来对语篇的内容加以理解;二是推理出语篇中所暗含的人际、空间、时间、因果和意图关系。

第五,对于较长的语篇而言,至少应该对其大意有所了解;而对于较短的语篇而言,应尽可能多地记住那些比较重要的内容,尤其是与说话者的意图相关的内容。

二、听力理解的过程

听力理解的过程是由多方面因素综合作用的,特别是在听较长的篇章时,学生能力的强弱会直接影响听的效果。在日常的听力教学中,教师不仅应该注重培养学生的短期记忆能力,还要注重培养学生的快速阅读能力。短期记忆有助于学生在自己的潜意识中暂时保留所听到的内容,以便能够对语言进行全部理解。在记忆中存储的信息量越大,理解得就越充分,也就越能收到好的听写效果;而阅读速度的提高能够在一定程度上帮助学生在听前快速浏览和选择题组,通过浏览可以发现彼此的共同点,并能预测听力的内容,这样学生在听音时才能真正做到心中有数。快速浏览不仅能够提高听的质量,还能加深学生的记忆和理解。

听力理解包括感知处理、切分和运用这三个过程,听话者应该在听力材料的本身集中注意力，并在短时记忆中储存所听到的声音；在切分阶段，听话者将短时记忆中的语音切分成从句、短语、单词或其他语言单位，并以心理表征的方式在大脑中对意义进行建构；在运用阶段，听话者借助世界知识和语言知识将大脑中的心理表征与已有的知识相联系，从而能够正确理解听力材料所要传达的内容。由此可见，听力理解的过程不是简单地解码字面信息的过程，而是输入信息与听话者头脑中已有的知识图式相互作用的过程。一旦激活了学生已有的知识图式，就能够很容易理解吸收所输入的信息，并融入已有的知识图式中，从而产生新的图式，进而能够更好地理解和记忆所听的内容。换言之，从很大程度上来讲，听力理解是基于学生大脑中已存储的各种知识图式进行推测或信息加工和提取，是听话者对语言交际进行积极主动参与的过程。

三、高校英语听力教学存在的问题

（一）学生兴致不高

首先，学生缺乏对高校英语听力课程学习的兴趣，课堂气氛沉闷。很多大一新生在高校英语四、六级考试的影响下，对高校英语听力课的定位不够准确，他们认为，听力课就是听音、做题、对答案。如果学生在课堂上的兴趣不高，就会导致课堂氛围沉闷。其次，由于高考英语并不涉及听力理解的考核，所以大部分学生一直忽视对英语听说能力的训练；一些学生在中学时期由于没有过多接触纯正的英语，导致他们缺乏语感，不熟悉英语的语音规则，听音时听不懂连读、弱读等语音现象，因此他们很容易就会产生挫败感。缺乏自信不仅导致学生在课堂上很少提问和回答问题，致使教师在大多情况下只能进行自问自答，而且造成了学生对高校英语听力课具有焦灼感和沉重的心理负担。再加上学生词汇量和语音知识匮乏、知识面窄、语言基础欠佳等问题，更增加了听力理解的难度。一般情况下，各所高校的学生都来自全国各地，由于各地区的经济水平和教育资源不同，所以学生的语言基础也有所不同。尤其体现在高校英语听力这门课程上，由于一些学生在中学时期没有接触过国际音标，因此他们的英语发音基础较为薄弱；还有一些地区由于教育资源较为匮乏，学生很少有进行听力训练的机会，因此他们在听力课堂上往往会感觉一头雾水。另外，一些词汇量较少或习惯死记硬背的学生，在进行听力理解时不能快速反应音频所传达的信息，长时间下去，学生就会产生极强的挫败感，从而导致学习动力不足。

（二）教材质量不佳

教材能够指导教学活动的组织和安排。高质量的听力教材不仅能够提高学生的文化素养，还可以开阔学生的视野。而低质量的听力教材不仅会阻碍学生听力水平的提高，还会给教师的教学带来困难。现阶段我国一些高校仍在使用编排不合理的听力教材。这些落后的教材既不能满足当今社会对于英语听力教学的需求，也无法体现新兴的教学观念和教学方法。

（三）听力时间不足

英语听力水平的提高需要长时间的听力练习，很多学生在课余时间不注重听力练习，甚至不会去主动练习听力，只是在课堂上集中进行听力的练习。但是非英语专业的英语教学没有单独开设英语听力教学课程，而是将听力教学和其他英语教学融合在一起。然而，由于课堂时间有限，因此在听力教学方面不能占用过多的时间。

这就导致学生严重缺乏听力练习的时间。而听力是一种技能，需要经过长时间的练习才能有效果，这就与听力练习时间的不足构成了一组矛盾。

（四）教学模式程式化

教学模式程式化体现了听力教学的机械化，在高校英语听力教学中，大部分英语教师使用的是听听力录音，然后给出标准答案的教学方法。这种模式下的听力教学只是机械化地播放听力录音，不仅不能及时发现学生在听力中存在的问题，不能使学生对听力材料形成整体的理解，还会使教师的教学和学生的学习都带有盲目性。

第二节 信息化时代高校英语口语教学的现状

一、高校英语口语教学存在的问题

（一）课时不足

高校英语教学中的口语教学与听力教学一样，都存在着课时不足的问题。在高校英语口语课程设置中，没有开设单独的教学时间，英语口语教学的时间得不到保证。学生口语能力的提高需要进行大量的实践，而口语教学的时间不够充足在一定程度上直接制约了学生口语能力的提高。

（二）教学准备不足

一般来讲，口语教学的实施包括需求分析、课程设计、教材开发、课堂教学、课程评估这五个过程。毋庸置疑的是，课堂教学在这几个过程中是最重要的。学生主要在课堂上接收英语输入信息，并且课堂还是学生进行学习策略培训、评估口语交际能力的重要场所。但是，教师一定不能忽视在口语课堂教学实施之前的准备阶段的重要作用。首先，学生是教学的主体，了解学生的年龄、性别、生源等基本信息能够有效地帮助教师了解学生的学习动机，因此，学生在一定程度上决定了教师选择何种教学策略。其次，教师必须基于教学目标的指导进行课堂教学的实施。口语教学有其整体的课程目标，每节口语课也都有着比较明确的教学目标，教师应该围绕这一目标设计课堂活动和讲解课程知识，不能偏离教学目标。最后，课堂效果直接关系着教师对整节课各环节的设计与衔接，而对于教材的钻研是设计课堂活动的基础。

然而，很多教师都会或多或少地对口语教学存在误解。在他们看来，相较高校英语阅读课程，口语课程的地位并没有那么重要，甚至在部分教师看来，口语课就是可以进行"娱乐"的课程。所以，教师在课前不仅不会研究教材、不会分析教学目标，也不会设计课堂活动，更不会研究教学策略。

通过调查发现，尽管学生倾向于自由讨论、观看英文电影等教学方法，但长期以来，倘若一直将它作为口语教学的主要内容，那么便会使学生产生抵触心理，甚至还会质疑教师的教学态度。同时，教师严重缺乏在实践上的讲解和训练，便会减少对学生的语言输入，也会减缓语言和语用能力的提高。尽管课堂气氛变得热闹起来了，但仔细一听便会发现有很多错误存在，学生一旦接触了具有一定难度的话题，便会偃旗息鼓，也会严重脱离教学目标的要求。所以，教师准备口语教学工作的程度高低在很大程度上决定着高校英语口语教学的成败。

（三）教学方法滞后

我国传统的高校英语教学非常注重语法教学和阅读教学，而不注重高校英语的口语教学，英语口语的教学方法和教学观念也比较落后。目前，我国高校英语教学中的口语教学通常采用的是"讲解—练习"的方法，要求学生在没有语境的前提下练习造句，这种教学方法并不能提高学生的口语能力。同时，这种教学方法忽视了学生在教学活动中的主体地位，无法激发学生的学习积极性，不利于口语教学取得良好的教学效果。

（四）缺乏配套教材

调查资料表明，许多高校非英语专业的口语教材对其口语教学并不适用。大部分英语教材都是在听力教学内容之后才设置口语教学内容，并将其作为听力教学的延伸部分。但由于口语教学的内容缺乏全面性和系统性，因此教师可能会忽视英语口语的教学。

除了高校非英语专业使用的英语口语教材，市场上还存在其他英语口语教材，但这部分英语口语教材不具有普适性，它只适用于部分专业的英语口语教学。其中一部分英语口语教材的内容难度较高，不能在高校非英语专业的口语教学中得到广泛推广；一部分英语口语教材的内容过于简单，只是问候语、介绍语和日常用语。这些英语口语教材都不能辅助高校英语进行口语教学。

（五）学生口语能力差

我国学生在学习英语口语时可能会受到汉语的影响而产生各种各样的问题。例如，有的学生的发音受汉语的影响，导致其发音不准确，严重影响了实际交流；有的学生的英语口语发音带有地方口音，使听话者不明其意；有的学生在口语表达中对语调和重音的使用不准确，从而导致口语表达得不够准确。

此外，由于学生的口语练习不足，因此他们学习到的语法和词汇等知识难以运用到实际的口语表达中。我国的高校英语教学侧重应试教育，将语法教学和阅读写作教学作为教学重点，口语教学得不到应有的重视。这就导致学生的口语练习不足，口语基础太差，并且在之后的口语学习中对口语产生畏惧心理。

（六）教师欠缺语言示范能力

英语教师是英语知识和能力的示范者，是学生语言信息的主要输入者，所以教师的英语水平会直接影响学生的口语交际能力。在实际教学中，教师只有熟练地掌握语言能力，才能与教材内容进行充分结合，为学生营造一个良好的英语学习氛围，并通过自己对词语的选择、句子的构建，使学生可以在潜移默化的过程中"习得"英语，从而更好地实现教学目标。

大多教师并不重视提升自身的语言交际能力，在他们看来，练习口语只是学生的事。他们在课堂上除了用英语表达一些简单的课堂用语，对于语言知识的理解、任务的布置、活动的组织等仍大量使用汉语。还有一些教师缺少规范性语言，无法有效传达教学目标中语言能力的信息内容。还有一些教师的语言使用单一，缺乏抑扬顿挫。学生身处这样的课堂氛围根本无法体会英语的美感，长时间下去便会导致其失去学习英语的信心和兴趣。

（七）教师缺乏组织课堂互动的能力

在高校英语口语教学中存在各种各样的因素，因为它们相互之间会产生交互作用，所以才能迸发出口语教学的潜在生命力。只有激活这些因素的互动，才能创建一个生机勃勃、活力满满的口语课堂，才能顺利实现口语教学的目标。而师生互动正是英语口语教学诸因素互动的核心。美国著名的外语教学法研究者佛丝甚至认为，决定英语课堂教学成功与否的关键在于"互动"。但是，在教学实践中，口语课通常是教师的个人表演舞台，学生不能积极回答教师提出的问题，不能积极配合教师的课堂教学，不管教师以什么方式鼓励学生，学生也始终漠然视之。很多学生对教师布置的课堂活动都表现出了旁观者的态度，甚至很少与同学进行交流和合作。

（八）忽视对学生自主学习能力的培养

不管英语学习采用何种形式，都需要学生不断付出努力，其自主学习能力直接影响着学习的成效。另外，自主学习能力也是合作互动的基础。要想让学生真真正正地成为口语课堂的主人，必须要充分调动学生进行英语口语交际的积极性，一定不能忽视培养学生的自主学习能力。但是，传统的英语教学理念仍然在很大程度上影响着教师的口语教学。在与教师的私下交流中可以发现，很多教师通常会感到委屈和困惑，尽管他们努力准备了各种各样的材料，但很多学生仍然抱怨他们没有在口语课上有所收获。由此可见，一两个句型并不是学生缺少和渴望的，他们想要的反而是一种可以不断开发自己潜能的学习能力。"授之以鱼，不如授之以渔"，对于学生自主学习能力培养的关键就是教授给学生各种学习策略，即所谓的"渔"。

二、高校英语口语教学的特点

（一）教学内容的特点

高校英语口语教学涉及广泛的内容，不仅要在口语课上教授学生口语，还要保证学生有充足的练习口语的机会。因此，高校英语口语教学的一大特点还包括教学内容的广泛性和可延展性。教师可以通过有计划地安排各种各样的训练活动来训练学生的听、说、读、写能力，按照阶段的不同和练习目的的不同来选择朗诵、口头作文等形式，并掌握适当的难度，巩固学生的基本技能，从而使教学内容具有可扩充性、知识性和趣味性。

（二）教学评估的特点

在高校英语口语教学中，教学评估这一环节是至关重要的。对于教学目标的实现而言，全面、客观、准确的评估体系是至关重要的。一般来讲，有形成性评估和总结性评估两种评估学生学习的方式。无论采用哪一种评估方式，实际上评估高校英语口语教学就是在考查学生用英语进行交际的能力。

三、高校英语口语教学的目的与意义

（一）高校英语口语教学的目的

中华人民共和国教育部颁发的《大学英语课程教学要求》表明，大学英语应注重培养学生的英语综合运用能力，特别是将听说能力的学习和锻炼都提升到一定的教学高度。实际上，我国的英语教育在2000年以后就已经明确了英语听说能力培养的地位，并在一些院校进行了教学尝试，也取得了一定的进步，但仅从学生的口语表达能力这一项指标来看，我国大部分地区都远没有满足社会的需求。具体来看，主要表现在以下几个方面：

第一，虽然听说能力总是被放在一起，但从实践来看，大部分地区都是围绕听来进行的，针对听说能力的考试也是只有听力部分，说的内容少之又少。

第二，高校里最重要的英语考试是四、六级考试，但在四、六级考试中，口语考试并不受重视，这样学生在备考和补习英语的过程中有选择地忽视了口语内容，致使高校学生的英语口语能力始终难以取得突破性的进步。

第三，在高校课程设置中，一些高校的非英语专业学生到了大三之后，就不再接触英语课程，英语"空窗期"的出现导致学生无法及时巩固和锻炼英语口语能力，所以就过早地放弃了对英语的学习。

也正是基于以上原因，高校英语口语教学的不足逐渐引起广大教育工作者的重视，高校英语口语教学改革也被提上日程。广大教育者一致认为，高校英语教学应改变过去以阅读理解为主的做法，强调将重心调整到听说方面，注重培养学生的英语综合应用能力。因此，高校英语口语课程的开设迎合了当前改革的方向，以培养学生的听说能力作为一项重要的教学任务，极大地丰富了高校英语的教学内容。

（二）高校英语口语教学的意义

1.提升学生的英语语言素质

开设高校英语口语课程，对学生的语用能力是一个很好的锻炼和提升机会。英语学习的一个重要目的在于提高学生的语言交际能力，并且从整体上提高学生的英语语言素质。尤其是在高校英语口语课程中关于面试口语的练习，可以直接针对学生的演说能力和英语求职中的问答技巧进行训练。在当前全球化的经济背景下，掌握一定的语言交际技巧对于任何专业的人才来说都是必要的。高校英语面试口语课程可以有效提高学生的语言表达能力及面试中的演说技巧，可以帮助面试者利用英语来展示自身优势和魅力。通过口语课程的学习，既可以锻炼学生的语言思辨能力，提高学生的英语综合运用能力，也能让学生在以后的学习、工作及交往中充分发挥语言交际的技巧，以不断适应经济全球化的时代背景。

2.提高学生的语言交际能力

在当前高校英语的教育模式中,大一、大二两个学年均开设了英语课程,但到了大三、大四,除了英语专业,其他专业都不再专门设置英语课程,这实际上造成了高校英语教育的空白。基于这样的教学模式,待学业完成走向工作岗位时,英语已经荒废了两年的时间,再将英语用于求职及以后的工作中的难度就变得很大。因此,从某种意义上来看,当前高校英语课程的设置并没有实现与社会需求的有效链接,而是存在一定的脱节。学生在高校课堂所习得的英语语言知识未能得到学以致用,这也在一定程度上违背了高校英语教学的初衷。口语课程的开设以应用教学为主,填补了高校英语教学的不足,同时也针对学生口语交际中的问题展开,能够有效地激发学生的学习兴趣,并且能够很好地补充常规的高校英语教育模式。

3.激发学生学习英语口语的积极性

英语口语作为一门应用性极强的技能,越来越受到学生的推崇。开设高校英语口语培训课程既要满足学生自身的口语表达欲望,也要适应社会各行业对口语应用型人才的需求。英语口语课程的开设是极具针对性的,既满足了学生充实自己、锻炼自己的目的,也是对社会需求的一个良好呼应。此外,英语口语课程直接针对当前学生的求学、求职需求,激发了学生对英语口语学习的热情,有利于更好地培养学生的自主学习能力。

第三节 信息化时代高校英语阅读教学的现状

一、高校英语阅读教学存在的问题

一直以来,我国的高校英语教学都以阅读教学为教学重点,但高校英语阅读教学还存在以下几个问题:

(一)教学观念落后

1.将阅读速度等同于阅读能力

部分英语教师片面地认为,学生阅读速度的提高就是阅读能力的提高,并以此为依据开展教学活动。实际上,这种观点是错误的。一些学生虽然阅读速度快,但阅读能力并不强。由此可见,学生的阅读速度和阅读能力并没有很强的关联性。学生的阅读技巧和阅读题目在一定程度上决定了阅读速度的快慢。例如,阅读题目要求只掌握阅读材料的大意时,学生可以只浏览通篇材料,不必逐字逐句地仔细阅读。阅读题目要求掌握阅读材料中的具体细节时,学生可先浏览全文确定具体细节的位置,再仔细精读这一部分。

2.将阅读教学混同于词汇教学、语法教学

在高校英语阅读教学中,教师常常会重点讲授个别词汇的用法或讲授语法知识,阅读教学的教学模式是讲解词汇、分析语句和给出标准答案。这种教学模式不注重培养学生对阅读材料的整体理解能力和在阅读材料中提炼信息的能力。形成这一问题的根本原因是教师不具备正确的阅读教学观念。教师对阅读教学的教学目标认识比较模糊,导致阅读教学的内容主要是词汇教学和语法教学,使学生不能通过阅读教学获得真正的阅读能力。

（二）教学方法落后

目前，我国高校英语教学的方法一般是由教师下发阅读任务，教师在学生任务完成之后公布正确答案并进行详细讲解，这种教学方法已经成了固定的教学模式。这种教学模式不仅应试特点突出，而且比较僵化，不能培养学生的阅读习惯和阅读能力。这种僵化的教学模式也忽视了学生的主体地位，学生在学习过程中不能充分发挥主观能动性，阅读教学自然也无法达到理想的教学效果。

（三）课程设置不合理

在一些英语教师看来，阅读教学只是英语教学的附庸，因此不重视阅读教学的教学目标和教学计划的制定。阅读教学的教学时间、课程设计和师资配备缺乏保障，从而直接影响了阅读教学的教学效果。

此外，阅读教学中的精读训练和泛读训练分配不合理。一些高校英语教学安排了较多的精读训练，很少涉及泛读训练。这种侧重于精读训练的阅读教学使师生形成了认为阅读教学就是词汇教学和语法教学的错误认识。因此，学生的阅读能力也无法得到相应的提高。

二、高校英语阅读教学的特点

（一）高校英语阅读内容的特点

从对高校英语教材的把握来看，高校英语教材具有多样性，几乎包括各种各样的文体。其多样性主要表现为以下三点：一是文章涉及领域广泛；二是体裁多样，包括说明文、议论文等；三是语域的多样性，所选文章既有书面体文章，也有口语体文章。由此可见，高校英语阅读内容的特点包括篇幅长、生词多等。

（二）高校英语阅读方式的特点

1.精读

精读要求学生仔细阅读全部的语言材料，并能够深刻且全面地理解整篇文章。在精读课本中，必须仔细领会每篇课文后的词汇、语法、句型等。

2.泛读

泛读也叫普通阅读，要求学生能够理解全文，明确全文的主旨大意、主要思想和作者的观点。进行泛读时，只需要简单地对全文做出推理、归纳和总结，不需要再探讨细节和语法。但是，阅读速度必须是精读速度的两倍。

第四节 信息化时代高校英语写作教学的现状

一、高校英语写作教学存在的问题

（一）思想认识落后

在我国的高校英语写作教学中，仍然普遍存在教师不愿"教"，学生也不愿"练"的问题。在教师看来，有很多语言规则是学生不能通过课堂教学来掌握的，只能通过学生广泛运用英语来加以掌握。这些运用既包括"写"本身，也包括"听""说""读"等。对于学生而言，由于写作涉及两个方面，即语言和内容，所以学生往往会出现语言表达困难、缺少及时反馈等问题。如果学生没有得到及时反馈，这将会严重阻碍他们英语写作能力的提高。

（二）受应试教学目标的束缚

写作教学内容通常以考试为中心，不能摆脱应试教学的束缚。因此，学生往往会产生教条式的、模式化的写作思维，写作内容也通常会千篇一律，毫无创新可言。除了写作范文和阅读理解，学生几乎没有时间去阅读英文原版书籍和杂志。这在很大程度上制约着学生英语学习兴趣的培养和写作能力的提高。

二、高校英语写作教学的特点

（一）写作课对教师的要求高

写作课是输出和检验的过程。它不仅能够检验学生的知识储备，也能够检验教师的知识积累。首先，写作课教学要求教师能够对素材进行充分准备，使学生能够有所想，有所写，要能够启发学生进行思考。其次，写作课要求教师的知识广博。由于写作内容涉及范围广泛，教师不仅要具有较高的英语水平，还要了解相关的内容。最后，教师在课后不仅要有耐心，还要有责任心。经过教师的指正，才能真正提高学生的写作水平，所以教师的课后任务更加繁重。由此可见，写作课的成功，不仅需要学生自身的努力，也离不开教师的引导。

（二）写作课是循序渐进的过程

写作这一过程是复杂、循环的。它要求写作者能够展开丰富的联想，发现题材并将之组织成文。由此可见，在很短的时间内学生是很难提高写作水平的。虽然很多学生在平日里可以阅读复杂的文章，却无法书写完整的句子。在一些学生看来，通过在考试前背诵几篇范文就能获得写作方面的高分。为了从根本上解决问题，提高自身的写作水平，学生必须多阅读，反复练习写作。这主要是因为写作的过程不仅是对所看到或读到的内容进行记录，而且是通过另一种语言来对自己的思想进行表达的过程。所以，在短时间内是无法提高写作水平的，需要进行一个较长时间的训练。

三、高校英语写作教学的影响因素

（一）教师因素

1.教师的主导地位

在英语的各项技能中，写作这一输出技能是十分重要的。由此可见，写作不仅是写文章的过程，还是运用智力和语言的过程。一般来讲，可以将写作过程分为以下三个阶段，即构思、起草和修改。尽管学生在这个过程中是主体，但也不能忽视教师的主导地位。只有在教师的引导和帮助下，课堂教学过程才能变得更加有效，才能使高校英语写作的教学目标得到真正的实现。

高校英语写作教学的有效性，表明教师是一个优秀的写作者、一个公正的读者和一个善意的教练。

首先，作为一名优秀的写作者，教师可以独立创作使自己和他人满意的作品。只有这样，他才能亲身体验写作过程中的细节和微妙之处，并在教学中向学生进行准确无误的传递。在教学中，教师应尽量将亲自写好的范文展示给学生，并让他们在课堂上进行抄写，然后还要在写作的过程中向学生讲解具体的体会。相关结果表明，通过仔细揣摩教师亲自写的范文，可以在很大程度上提高学生的写作能力。

其次，作为一个优秀的写作者，教师通过亲身示范可以在很大程度上增加学生的信息量。倘若只将教材上提供的范文展示给学生，那么在学生看来，范文都是十分优秀的，离他们有一定的距离。相反，如果教师亲自写一篇范文，并向学生详细说明自己写作的谋篇布局思路，这样学生就会觉得写好一篇文章是很容易的，并且学生在教师的示范之下更能深刻体会到对语言的学习与运用，也可以在很大程度上增加学生的写作信心。

最后，作为一个公正的读者，教师不仅需要公正地评价学生的作品，还要设身处地地为学生着想，理解他们在写作过程中所付出的努力。

在高校英语写作教学中，教师可以说是学生作文的唯一读者，学生在写作时也会视教师为唯一读者，导致学生往往是"为教师而写作"。教师必须要充分认识到自己所处的重要地位。此外，教师还必须认识到，由于写作是一个复杂的、兼具智力和语言运用的过程，学生作为中国母语环境下的二语学习者，任何一篇文章的完成都是需要付出艰苦的努力的，都不是一蹴而就的。教师只有具备这样的思想准备，才能公正地看待学生在写作过程中所出现的错误，才能充分认识到产生这些错误的原因，才能使学生逐渐改正这些错误。反过来讲，如果教师作为一个成熟的英语使用者，始终从自己的角度看待学生在写作过程中所犯的错误，那么教师很可能会认为这是学生没有认真看待写作任务的结果，这样不仅会导致学生所付出的努力得到白费，也会在很大程度上挫伤学生的学习积极性，教师也会因此不知道选择哪种教学方法。这些教学法理论主要涉及结构、认知、社会和情感四个方面，并各有其侧重点。但总体来讲，任何一种教学方法都存在不足之处，都不是完美无缺的。

目前，结果教学法、体裁教学法以及过程教学法都在高校英语写作教学中得到了广泛的应用。但是，这些教学方法在具体的教学实践中并不是一成不变的，教师应按照具体情况和影响因素，对各种各样的教学方法进行灵活采用。

2.教师的教学行为和表现

事实上，教师的教学行为和表现是指教师管理或协调教学活动的行为。一般包括教学信息管理、教学时间管理和教学环境管理。

所谓教学信息管理，即教师在高校英语写作教学中，应向学生准确传递教学任务和教学目标，并提供给学生足够多的可理解输入，此外，还要按照学生的学习心理和个体差异，有针对性地选择教学方法，从而使各个层次的学生都能有所收获。

所谓教学时间管理，包括对课内时间和课外时间的管理。对高校英语的学习而言，有必要充分利用课外时间。教师应鼓励学生课后多阅读，以获得大量的语言信息输入，这能够在很大程度上促进学生英语写作能力的提高。

所谓教学环境管理，即只有灵活实施课堂教学，加强学习纪律，形成良好的学习风格，才能根据不同层次本科生的学习需求和学习习惯，更加顺利地进行高校英语写作教学。

（二）学生因素

1.学生的主体地位

按照"输入—输出理论"，可以将语言习得的过程分为以下两个过程，即输入和输出。而学生在这两个过程中都是以主体的身份存在的。换言之，高校英语写作教学是一项语言习得的活动，必须"以学生为中心"。一般来讲，可以这样表达"以学生为中心"这一理念的内涵：教师应对学生予以充分的尊重，不仅要尊重学生学习和交流的需要，还要在充分考虑学生的需要之后再进行教学内容的选择和教学活动的组织，即进行以学生为中心的教学，让学生自己负责自己的学习过程，并积极参与学习计划、组织、控制和评价过程。避免单纯地进行知识的"灌输"，迫使学生被动学习。教师应与学生交朋友，建立彼此间的相互信任，逐渐使学生实现自主学习。

2.学生已有的认知水平

了解学生已有的认知水平，有助于提高高校英语写作教学的有效性，原因在于学生不仅是教学的对象，还是教学的主体，只有充分了解学生的现有水平，才能有针对性地开展教学工作，才能获得预期的教学效果。因为不同的教学对象有着不同的认知水平，所以他们也都有着不同的听、说、读、写、译的水平和能力。就个体来讲，一些学生可能具有较强的阅读能力，而另一些学生可能具有较强的听力能力。

"学生已有的认知水平"是一个综合概念，它还包括学生的学习背景等情况。所以，不仅要了解学生的已有水平，还必须了解学生的学习背景。只有这样，才能了解学生的学习动机、学习方法，才能真正了解学生的已有认知水平。

3.学生的人格因素

（1）智力水平

一般来讲，在语言学家们看来，语言的学习不仅密切关系着人的智力水平，也会对人的智力发展起到促进作用。但是，仅仅凭借观察是无法准确了解每个学生的智力水平的，还需要进行大量的智力测试。

（2）个体性格

个体性格在很大程度上影响着学生的语言学习。例如，一些学生性格很外向，敢于在课堂上发言，他们犯错误时也不会感到尴尬；一些学生性格很内向，很少会在课堂上发言，大多时间都扮演着旁观者的角色，即使教师要求其发言，他们也是尽可能地逃避；一些学生愿意向教师展示他们写好的作文，由教师当面指出错误；一些学生则担心他们在写作中所犯的错误会给教师留下不好的印象。所以，教师在设计课题教学时，要考虑不同学生的个体性格，从而有针对性地开展课堂教学活动。

（3）学习动机

学习动机也是语言学习的一个重要因素。例如，一些学生在学习语言时具有较强的功利性，有的人学英语是为了未来的工作需要，有的人是为了通过考试，有的人是为了出国，而有的人只是为了对一门语言加以掌握。无论哪种学习动机都会给英语学习带来更大的效能，因此，不能忽视学习动机对语言学习的影响。

（三）过程因素

1.任务布置

高校英语写作任务的特点主要体现在以下两个方面：一是对题材的要求，如"与经济有关的题材"等；二是对作文质量的要求，即"思想表达准确、语义连贯、无重大语法错误"。从后者的要求来看，更像是一种以结果为导向的写作任务。

2.写作构思

一般来讲，可以将高校英语写作的构思分为针对考试题目和平时写作中的构思。如果是针对考试题目，则是以已有提纲为基础所进行的构思。高校英语考试大多都提供了写作提纲，这种构思看似是被简化了的，实际上却并非如此。许多学生在教学实践中没有考虑给定的提纲，也无法对要点加以把握。而事实上，学生只要严格遵守给定的提纲内容，然后在给定的范围内进行适当扩展即可。

这种不一致出现的原因在于出题者和考生的思维方式处于不同的水平。高校英语考试的出题者都是语言教学和测试方面的专家和教师，他们具备英语的思维方式。相比而言，大多参加高校英语考试的考生的英语思维方式都不固定，他们仍然会采用汉语的思维方式来思考问题，并且这两种思维方式的侧重点不同，导致考生所"制造"出来的成品不符合题目的要求。因此，要想从根本上解决这一问题，那么就必须从训练学生的思维方式出发，在学生平时构思写作提纲时，要求他们写出的提纲要与英语的思维方式相符合。

3.过程指导

不管是结果教学法、过程教学法还是体裁教学法，它们都有着不同的侧重点，但它们都没有完全忽视指导写作过程，只是更加详细地划分了过程教学法罢了。

事实上，加强对写作过程的指导可以在很大程度上促进写作教学有效性的提高，原因在于，学生在写作过程中难免会面对各种各样的困难，如果能在这时提供及时的指导，会在很大程度上提高写作成品的质量。在指导写作的过程中，主要涉及写作思路或观点的选取、选词、结构调整等。这在一定程度上对教师的语言水平也提出了较高的要求，不仅需要教师保持开放的思维，还要求教师能够随机应变。

4.结果反馈

结果反馈是指对写作结果的反馈。目前，已经有很多学者开始着手研究这一方面。根据反馈时间，一般可以将教学过程中的结果反馈分为实时反馈和事后反馈。

所谓实时反馈，即在课堂上公开阅读学生的写作成品，并由教师提供口头或书面的反馈。所谓事后反馈，即在课后批改学生的写作成品，然后由教师提供书面反馈。通过与平时的教学实践相结合，可以发现，实时反馈能够收获较好的效果，但会耗费较长的时间。有时教师会要求学生在课堂上用 10 分钟的时间写一小段话，然后逐一检查学生的写作成品，并与学生就写作过程中存在的问题进行讨论。这种训练方式通常是十分有效的，原因在于这种即时反馈可以使学生更容易发现自己在写作过程中所存在的问题。事实上，在写作过程中可以避免很多错误出现，这些错误往往会使他们的文章看起来很糟糕。事后反馈是远远达不到这一效果的。所以，虽然实时反馈比较费时，却应该在具体的教学实践中推行开来。

对于事后反馈而言，学生对写作时的细节和当时的构思都已经忘记，也不理解教师的修改，导致学生通常不会深究教师的批改结果，甚至表现出了置之不理的态度。但事后反馈是有补救措施的。例如，要求学生重新抄写一遍批改后的作文，包括教师可能没有注意到的错误，要求学生在抄写的过程中纠正文章中的所有问题，并当堂检查抄写后的文章。这种写作教学方法在学生当中很受欢迎，因为在他们看来，通过这种教学方法能够真正地改正作文中的错误，同时还能知道产生错误的原因。

由此可见，实时反馈和事后反馈都能帮助学生发现自己在写作过程中存在的问题，并能够极大地提高教学效果。它们不仅要使学生积极主动地改正错误，还要让他们知道产生错误的原因，而这也是反馈发生作用的关键所在。

（四）环境因素

1.语言文化环境

语言是在后天环境中习得的，环境与语言的习得关系密切。从某种意义上来讲，人所处的环境在一定程度上决定着人的语言习得，英语学习的语言环境主要包括英语的听、说、读、写和译。事实上，这是指在中国环境下学习英语的语言文化环境。把语言环境和文化环境统称为"语言文化环境"的原因在于，语言与文化密切相关，可以说是"你中有我，我中有你"。语言和文化有着密不可分的关系，体现在语言是一个民族及其文化的最显著的特征。一个人的谈话方式通常能够反映他的社会地位和受教育程度，因此，语言具有区分和认同社会文化群体的功能。

语言文化环境似乎对所有学生来说都是一样的，但实际上却是不同的。首先，每个学生的生活经历和生活背景不同，因此，他们对中国文化和英美文化的接触也是不同的。例如，一些学生有出国的经历，或者一些学生在课外参与了由外教提供的外语强化训练，那么，他们所接触的文化环境就发生了改变。其次，每个学生对不同的文化有着不同的偏好，因此，当他们学习一门外语时，对于不同的文化点有不同的取舍，而这些取舍会导致学习外语的文化环境不同。例如，在访问互联网时，一些学生经常浏览国外网站，使他们能够更加深入地了解外国的文化。

同时，东方和西方的文本方式是不同的。英语文本的特点是线性和分层的，而"间接"却是东方文本的特点所在。这种差别会给中国学生学习英语写作带来困难，因此，在以汉语为母语的环境下进行英语的学习，就必须考虑在不同文化背景下英语和汉语的不同之处。在高校英语写作教学中，还应充分关注不同文化环境给英语写作带来的影响。

2.学校的教学环境

学校的教学环境在很大程度上关系着高校英语写作教学的有效性，但它不能起决定作用。其中，课堂教学环境是最为重要的，原因在于课堂教学是高校英语写作教学的主要表现形式。

课堂教学环境主要包括班级规模、课堂心理气氛、教学设施设备、教材和教学空间的设计。这些因素都在不同程度上影响着高校英语写作教学的有效性。

首先，高校英语教学具有一定的特殊性。显然，班级规模在很大程度上影响着高校英语写作教学。英语教学离不开语言的运用，因此，通常而言，班级规模越小，学生获得的实践机会越多，也会增加与教师进行单独沟通的机会，从而也就能获得越好的学习效果。如果班级规模过大，会极大地减少学生与教师进行单独沟通的机会，不利于实现预期的教学效果。

其次，课堂心理气氛与教师的领导方式直接相关。在传统的班级中，教师的支配程度很高，而一些班级是灵活、民主和放松的。然而，其他变量也会影响课堂心理气氛，所以只能按照具体情况来确定课堂心理气氛对教学有效性的影响。

最后，只能根据客观情况来判断教学设施对高校英语写作教学的影响。

第五节 信息化时代高校英语翻译教学的现状

特殊用途英语（English for Special Purposes，ESP）是高校英语教学的一个重要组成部分，是一种侧重于对学生专业学习需求或为未来工作需求服务的语言教学。与一般用途英语（English for General Purposes，EGP）相比，ESP 是以功能主义的语言观为理论基础，按照学习者的特定目的和特定需要开设的英语课程。ESP 更关注怎样才能使语言运用与语言学习实现高速结合，是基础英语教学的延续或扩展，是学生语言知识和技能发展到一定阶段，针对学生的实际需要进一步培养学生的语言工作能力的一个重要教学内容。与 EGP 教学相比，其目的性和针对性更加明确。

ESP 教学出现于 20 世纪 60 年代，关于 ESP 教学相关理论的研究在西方主要经历了五个阶段：语域分析、修辞语篇分析、目标情景分析、技能策略分析和以学习为中心的教学模式。而在此理论指导下的 ESP 翻译教学研究在我国近 40 年（1978—2017 年）来经历了四个阶段的发展后也取得了丰硕的成果。其中，20 世纪 70 年代末到 80 年代末，主要以引进 ESP 概念为先导，以科技英语（English for Science and Technology，EST）为中心进行研究；20 世纪 90 年代，全面展开 ESP 各次语域的研究；21 世纪前十年开始系统研究 ESP 翻译理论；2010 年开始，ESP 翻译和翻译研究越来越依赖网络和信息技术，并有了技术转向。虽然在技术转向中的 ESP 翻译教学模式突破了以往传统的教学模式，使单一传统的教学模式得到了极大的改变，但是计算机辅助教学的模式探索依然比较呆板，且可行性和实践效果不够理想。

另外，信息化时代下社会和学生对ESP的需求更为迫切，对学习的效果更为关注。学生已经熟悉互联网多媒体教学模式和各种翻译技术，面对课内外不断扩展的学习平台和渠道，他们亟待发挥自己的主动性进行个性化学习和交互性训练，这时切实可行且效果显著的新型教学模式和人才培养模式就更有了探讨和研究的价值。

在当今信息化时代提供的强有力的信息技术的机遇面前，针对社会需求和ESP翻译的特点，对ESP翻译教学模式的探讨，不仅在理论上可以从更为宏观的角度为整个ESP语域的翻译教学提供一个更为实际、可行性更高的教学模式设计，缩小目前情景和目标情景之间的差距，为编写教材、安排教程和课程设计奠定基础，还可以在现实中根据ESP各个次语域的专业要求和行业需求，培养出能在各部门中从事翻译的复合型、应用型英语人才，填补国家和地区对各领域复合应用型英语人才的需求。

我国自1978年引进ESP概念并加以研究以来，历经了以EST为中心、ESP各次语域研究的全面展开、ESP翻译理论的系统研究，以及ESP翻译和翻译研究的技术转向四个阶段，取得了丰硕的成果。广义上，ESP指在特定场合、特定领域或被特定身份的人群所使用的英语，包括律师、法官、医护人员、旅游业执业者所使用的英语等。商务英语的市场需求和科技英语的特殊性质决定了狭义的ESP必然会受到商务英语和科技英语领域的限制。所以，高校在开设ESP课程时，更多课程倾向于商务英语和科技英语方面，这也会给学生带来狭义的误导。

蔡基刚、廖雷朝认为，ESP的特征包括复合型、专业性、实用性和灵活性等，能够帮助和引导学生直面职场中的现实情况，因此学生对ESP的学习有着相当大的需求量，也会对学习所得有着非常高的期望，这在一定程度上加快了高校研究ESP教学新模式的步伐。

在实际教学过程中，由于ESP翻译教学有很强的学科针对性，涉及英语基础知识、翻译知识和各学科领域的知识，因此，其具有很强的综合价值。除了传统授课式的 ESP 翻译教学，随着时代的发展以及教学技术的进步，师生开始共同关注是否存在一种新的 ESP 翻译教学模式这一问题。

在高校英语教学体系中，高校英语翻译教学是其主要构成要素，是 ESP 翻译教学的重点，也是当前社会培养、输送高水平翻译人才的主要途径。目前，我国对复合型外语人才需求量极大。但是，一方面，人才市场竞争激烈，大量具有一定外语水平的毕业生就业困难；另一方面，不少企业不是没有岗位而是招不到合适的企业发展人才，这一现象在跨国公司和外贸公司中更为突出。

第三章 信息化时代高校英语教学模式

第一节 信息化时代高校英语微课教学模式

随着网络多媒体技术的引入，人们的学习方式逐渐发生改变。在互联网及"微时代"的双重影响下，微课教学模式已经悄然进入高校英语教学的领域并成为人们探索新型教学模式的一个重大突破口。可以说，微课是一种新的网络学习资源，其在国内迅速发展，成为网络多媒体环境下的高校英语信息化教学模式之一。

一、微课教学模式的定义

从字面上来说，"微课"有以下三个层面的含义：

第一，对于"课"这一概念来说，微课是"课"的一种，是一种形式，呈现的是一种短小的教学活动。

第二，对于"课程"这一概念来说，微课同样是有计划、有目标、有内容、有资源的。

第三，对于"教学资源"这一概念来说，微课具有丰富的教学资源，如数字化学习资源包、在线教学视频等。

但是，对其内涵进行挖掘，可以发现微课是一种具有单一目标、短小内容、良好结构、以微视频为载体的教学模式。微课的最初理念是通过正式或者非正式的学习方式，使人们不断对短小、主题集中、与实践紧密结合的专业知识进行学习，从而提高学习效果，促进知识的内化。

在这一理念的基础上，我国学者对微课教学模式展开了重点研究，很多学者提出了自己独到的见解。

黎加厚认为，微课是时间在十分钟内，教学目标明确、内容短小，能够对某一问题集中说明的微小课程。

胡铁生、黄明燕、李民认为，微课也叫"微课程"，是一种基于学科知识的新的网络教学资源。微课以微视频为核心，其中包括了许多与教学相匹配的扩展性或支持性资源，如微练习、微教案、微反思、微课件等，在此基础上，本部分提出了一种基于网络的、半结构的、情境化的、开放性的、交互式的、动态的资源生成方法。

上述这些学者的概念具有针对性，并在一定程度上反映出微课教学模式的基本特征，虽然具体内容存在某些差异，但是其理念和核心基本一致。笔者认为，微课在本质上是一种对教与学进行支持的新型课程资源，同时，它还和与之相配套的其他课程元素组成了微型课程。就这一观点而言，它是一种课程理论。

在微课的教学模式下，学生通过它与教师进行互动，通过面对面辅导、网上讨论等方式，形成有意义的教学，这是教学论的一部分。

二、微课教学模式的构成论

从微课的课程属性出发，微课需要具备必备的课程要素。具体而言，主要涉及四大要素：目标、内容、活动、工具。

（一）目标

目标是指教师期望教学所要完成的结果，主要包含以下两层含义：

第一，应用目标，也就是为什么要设计和发展微型课堂教学模式。这涉微课在课前、课中、以及课后的应用，例如，为了引导学生完成课后的习题所做的相应的习题解释。

第二，应用结果，也就是教师希望学生能在运用微课的过程中，找到一些特定类型的英语写作的方法，以及一些解题的方法，等等。一般来说，微课教学模式的目标是具体、明确、单一的，其对微课内容和应用模式的选择有着重要的指导意义。

（二）内容

微课程内容，是为微课的教学目标而服务的，是与具体的课程有关的，有目的的，有传递意义的信息和素材。在高校英语微课堂中，微课的内容成了教师达到预设目的所需要的一种信息载体。在微课教学中，教师要依据其目的，并结合学生的学习状况、所处的教学时期等教学实践，对其进行具体的设计。在微课程中，根据微课的具体内容，教师所进行的教学活动也不尽相同。然而，由于微课程的时长较短，而且在内容上具有主题明确、短小精悍等特点，这就要求教师在选择微课程的时候要慎重。

（三）工具

要想完成微课中教的活动，教师必须要借助某些特定工具来保证学生能够正确理解微课内容的意义，从而实现学生与微课的相互交流。在微课教学模式中，这种工具主要包含以下两种：

1.交互工具

交互工具指的是在学生进行微课学习时，能够促进学生与微课间进行操作交互和信息交互的工具。

2.信息呈现工具——多媒体

多媒体可以更好地协助教师对教学内容展开表述和阐释，提升学生在进行微课学习时与学习资源之间的交互效果，比如，在微课中，课件、动画、图形、图像等的呈现。

总之，微课这四大因素是相互影响、相互关联的。

三、微课教学模式的优势

从微课的定义与构成上不难看出，微课与当前信息技术相适应，也与《高校英语教学指南》相适应，是一种新兴媒体在教学领域的应用。可以说，微课在高校英语教学中的优势非常明显。

（一）教学内容少

微课教学模式主要是对课堂教学中某一知识点教学的凸显，或者是对教学中某一环节或者某一主题活动的反映。与传统教学内容相比，高校英语微课教学内容精简，更符合教学的需要。

（二）教学时间短

一般来说，高校英语微课教学视频时长为3~8分钟，最长也不应超过10分钟。相比之下，传统课堂教学时间长，一般为40~45分钟。因此，微课常常被称为"微课例"或"课堂片段"，也就是说，微课教学时间短。在当前的高校英语教学中，使用微课教学模式有助于教师针对教学难点开展教学，使学生将注意力集中在教学的"黄金时段"，通过与教师的互动解决学习上的困惑。

（三）资源构成情境化

高校英语微课教学的内容通常具有鲜明的主题，且指向完整、明确。以教学视频片段为主线，并以此来整合教学设计及其他教学资源，构建一个类型多样、主题凸显、结构紧凑的"主题单元资源包"，营造出一个真实的教学资源环境。在此基础上，本部分提出了一种基于多媒体技术的微课资源设计方法。这样真实、具体的情境不仅有助于学生提升自己的思维能力，还有助于提升教师的教学技能和学生的学业水平。

（四）反馈及时、针对性强

微课教学内容少、教学时间短，因此可以在短时间内集中开展上课活动，教师和学生可以迅速获取反馈信息。此外，每一位学生都可以参与课前组织预演，相互学习，这在一定程度上有助于减轻教师的压力，保证英语教学活动的顺利开展。

（五）成果简化、多样传播

由于微课教学内容主题鲜明、内容具体，因此其成果易于转化和传播。同时微课教学时间短、容量小，因此其传播的方式也是多种多样的，如网上视频传播或微博讨论传播等。

（六）主题鲜明、内容具体

微课课程的开展是建立在某一主题上的，其研究和探讨的问题也主要来自具体、真实的教学实践。例如，教学实践中的教学策略、学习策略、重点难点、教学反思等问题。

四、微课教学模式的实施建议

虽然微课的设计是当前研究的重点问题，但是也不能忽视微课教学模式在教学实践中的应用。因此，下面就高校英语微课教学模式的实施提出一些建议：

（一）建立微课学习平台

微课教学模式主要建立在视频这一载体上，同时还需要一些辅助模块，如微练习或互动答疑等，这些对提高学生的学习兴趣、培养教师的信息化应用能力十分有益。其中，一个较为创新的方法是微慕课平台，可以使微课教学模式展现出慕课教学模式的系统性和专业性。这一平台具有一定的知识含量，且具有结构灵活、系统性强、制作成本低等优点。

（二）提升微课录制技术

微课录制技术要尽可能地简单，使教师乐于录课，并能够快速提升自己的微课录制技术。另外，微课的研究人员需要在网络多媒体技术上进行改进和发展，尽可能地使微课教学模式得以普遍推广。

（三）加强资源开发，实现共建共享

当前在高校英语教学中仍旧存在着教学资源不均衡的问题，而微课的出现，使优质的教学资源通过网络传送到全国的高校中，从而实现资源共享。

五、微课与高校英语信息化教学

信息化教学是教学资源和教学平台的综合运用，而微课就是其中的教学资源，它是信息化教学的内容和基础，是一种新型的网络教育资源。无论是教师还是学生，都会对一堂好的微课赞不绝口，因为它简短，而且有很强的目的性，互动也很好。高校英语信息化教学，就是高校英语教师立足于自己的教学需求，将先进的教学观念引入高校英语教学中，利用信息技术进行教学，优化教学环境，从而提高高校教学质量。

高校英语微课堂教学是基于信息化技术的一门新课程，它既不是一门简单的网上课程，又不同于传统的英语课堂课程，它充分发挥了线上和线下两种教学方式的互补性，更好地突出了学生的主体性，促进了学生对英语的运用和自主性学习。对学生来说，这是他们今后可持续发展的一个重要动因。

要实现信息化，首先要有相应的辅助信息资源的开发与设计。英语信息资源包括电子课本、试题库等。而教学视频是一种具有直观性和动态性的教学资源，它对创造学习情境、模拟真实的交流过程都有着非常大的帮助，可以成为一种推动学生更好地提升语言能力的行之有效的方法。所以，在信息技术的应用中，视频教学有着极其重要的作用。

六、微课在高校英语信息化教学中的作用

（一）利用微课激发学生的学习兴趣

长期以来，高校英语教学在应试教育中受到了很大的冲击，学生已失去对英语学习的自信和积极性，只有另辟蹊径才能取得新的进展。利用微课的形式来激发学生的学习兴趣，不失为一种有效的方法。教师在分析教材和教学对象的基础上，注重结合学生的感性需求，自行设计微课作品，具有独特的创意，并在课堂教学引入部分内容进行应用。经过精心设计的微课作品，在课堂一开始，就能给人以强烈的视觉冲击力，让人产生愉悦的感觉，从而激发学生的学习兴趣，营造一个轻松、快乐的课堂氛围，让学生全身心地投入本单元的语言知识中去。

（二）利用微课突破重点、难点

就高校英语一节课来说，它所涵盖的知识点很多，但是其中只有一两个是重点和难点。如果学生对这一两个关键点的理解出现偏差，或遇到困难，都会影响整个课程的学习效果。所以，教师要抓住教学的主要矛盾，就是要帮助学生抓住重点，攻克难点，辨别易错点，提高学生的学习效率。微课的教学目的明确，并且简短、简洁，非常适合于突破重点、难点和易错点。

（三）利用微课布置巩固练习

在英语教学中，微课可以起到很大的效果。就目前常用的微课制作软件来说，通常都有录屏和练习设计的功能，教师可以将巩固练习放在视频的结尾，来检验学生的学习效果。与传统的纸质习题比较，微型习题更具视觉效果，易于操作，且形式多样，对学生更具吸引力。例如，在学完"虚拟语气"的语法之后，教师就可以通过"游戏虚拟语气"来进行愉快的通关训练，并将学生分成几个小队进行比赛。这样，就可以在一种轻松愉悦的气氛中，对学生的学习

成效进行检测，找到他们所掌握的知识中的薄弱环节，并将其作为未来教学中要着重解决的关键点。

（四）利用微课实现扩展延伸

扩展延伸是对高校英语教学的一个较高的要求，它是在对已有知识的掌握的基础上，用来拓宽视野、学习新知识、开辟新思维的一种方法。所以，扩展和延伸要有一定的深度，要能够激发学生的创造性思维。同时，也要充分运用微课程的创造性，来实现对各个方面、各个层面的扩展和延伸。

第二节 信息化时代高校英语慕课教学模式

在网络多媒体环境下，慕课教学模式是以关联主义为基础开展的大规模在线教学。慕课教学模式的形成和发展并不是偶然的，而是在时代发展和信息技术进步的基础上实现的。本节就来分析高校英语慕课教学模式。

一、慕课教学模式的定义

慕课是一种在线课程开放模式，又称"大型开放式网络课程"。慕课主要由具有协作精神与分享精神的个人所组织，他们将优异的课程上传到网络，供需要的人下载和学习，目的是促进知识的传播和发展。

2012年9月20日，维基百科将慕课进行了界定，即慕课是一种以开放访问、大规模参加为目的的在线课程。慕课的英文名称是"MOOC"，这四个字母分别有其代表的含义。

M（Massive）：代表参与这种开放性课程的人数多，规模大。

O（Open）：代表这一课程具有开放性，只要是想学习的人都可以参与其中。

O（Online）：代表学习是在网上完成的，不受时间和空间限制。

C（Course）：代表课程。

二、慕课教学模式的优势

慕课教学模式应用于高校英语教学必然会引起教学理念与教学方式发生重大的改变。也就是说，慕课教学模式对当前的高校英语教学意义重大。具体而言，慕课教学模式具有如下四点优势：

（一）提供能力培养平台

我国的高校英语教学虽然一直在不断变革，但是总体上还是将重心放在基础知识教学上。这种教学模式必然会阻碍学生将英语学习与专业学习结合起来，学生也就很难提升自己的综合能力。慕课的出现能够为学生提供最新的发展评估和专业动向，有助于激发学生的学习动机和兴趣，促使学生提升自己的专业能力，解决英语教学与自己专业的问题。

（二）平衡不同学生水平

高校学生来自不同的地区，由于各地的教学水平存在差异，学生的学习能力和学习基础也有所不同。在统一的大班英语课堂上，教师很难实行一对一教学，只能从宏观上对学生进行指导。在这样的教育现实下，很多学生或者追赶不上教学的进度，或者不满足于当前的教学水平。慕课教学模式通过开放性的网络平台，给学生提供了有针对性的教学，有利于缓解教师教与学生学之间的矛盾。同时，该模式不受时间和空间的限制，既有利于促进基础好的学生发展能力，也有利于基础差的学生巩固知识。

（三）形成语言使用环境

对于我国学生而言，英语是第二语言，因为缺乏语言学习的环境，这导致学生在课堂上学到的知识很难在现实中应用。从很大程度上说，这降低了学生学习英语的成就感，也对日后学生的语言能力提升十分不利。

慕课的出现能够为学生创设良好的语言学习环境，使学生可以接触到真实的语言，甚至可以与世界上其他国家的人进行交流，这都有助于提升学生自身的听说能力。

（四）扩大学生知识储备

我国的高校英语教学主要是围绕课堂教学展开的，面对短暂的教学时间、繁重的课业压力，课堂教学很难给学生带来充足的知识。相比之下，慕课教学模式以网络为平台，可以向学生提供丰富的知识，方便学生学习，不仅扩大了学生的知识储备，还提高了学生的学习效率。

三、慕课教学模式的特点

作为一种新兴的高校英语教学模式，慕课教学模式往往会具有以下四个特点，即课程设置多样化、上课方式多样化、考核方式多样化、传统课堂与慕课相结合。

（一）课程设置多样化

就当前的高校英语教学来说，慕课教学模式改变了传统教学模式的单一状况。就师资力量来说，传统的高校英语教师资源非常有限，其所讲授的课程针对性也不明确。就教材来说，当前大多数高校使用外语教学与研究出版社出版的《新视野大学英语》，并没有采用与学生相适应的专门教材。就课程设置来说，虽然各大高校都设置了选修课，但是这些选修课大多是为英语四、六级考试设置的。对此，慕课教学模式可以使学生根据自己的兴趣和需要来选择课程，大大提高了学生的学习兴趣,从而提高了学生学习英语的质量和效率。

(二)上课方式多样化

虽然我国各大高校都在推进高校英语教学改革,但是仍旧将教师讲授作为中心,其中穿插的多媒体也只是一种辅助形式,是教师板书的延伸。但是,在网络多媒体不断发展的背景下,慕课教学模式实现了上课方式的多样化,学生可以坐在电脑前学习,也可以手拿平板电脑进行学习。

(三)考核方式多样化

在网络多媒体教学环境下,高校英语慕课教学模式的关键在于考核方式的多样化。如果仅仅依靠传统的笔试或者论文式考核,那么就很难将学生的实际水平测试出来。在慕课教学模式下,考核方式的多样化主要涉及两点:一是探索个性化的考核方式,即根据不同层次的考生设置不同的测试题目;二是探索开放性的考核方式。总之,无论是个性化考核方式,还是开放性考核方式,都是为了激发学生的学习积极性和学习兴趣。

(四)传统课堂与慕课结合

前面已经介绍了慕课教学模式的优势,但是在发挥慕课教学模式优势的同时,还需要注意以下两点问题:

第一,高校英语慕课教学模式还有待完善,需要对教师进行培训,还需要准备与之配套的教学硬件设备。

第二,对高校学生来说,他们自身的水平存在差异,因此要想让不同层次的学生适应慕课教学模式,需要很长的一段时间。如果将所有的教学内容置于网上,那么本身自制力较差的学生就更容易放弃学习,这当然是教师不愿意看到的。因此,当前属于新旧交替时期,教师仍旧扮演着重要角色。首先,教师应该积极探索能够激发学生主动性和积极性的慕课课件。其次,教师需要对学生的基本情况有一个清晰的了解,保证慕课课件能够被大多数学生理解和掌握。最后，教师还需要了解不同学生的自主学习能力，锻炼学生的心理素质，使他们尽快适应新兴的教学模式。

四、慕课对当前高校英语信息化教学的影响

（一）高校英语信息化教学的现实问题

1.意识缺失

在当前的教学环境中，信息技术已经成为一种行之有效的教学手段，它对英语教学起到了很大的促进作用。慕课是在信息化教育发展中产生的新的教学手段，它的普及可以使"接受式"教学模式向"主动式"教学模式、"传授式"教学模式向"学习式"教学模式转换，而这一转换与教师自身的信息素质有着紧密的联系。许多人文学科英语教师患有"技术恐惧"，他们担心自己的信息技术能力低下，或者因为不能充分利用信息技术的软件和设备而在学生面前丢脸，所以经常会对信息技术抱有一种逆反的态度。同时，他们也担忧在实施信息技术的过程中，会降低教育的质量，例如，降低英语水平测试的成功率、学生的学习效率和教师的授课效率。这就导致了一些英语教师对传统的课堂教学感到满意，而不愿主动地进行课堂教学的变革。

2.人才缺乏

相关调查表明，只有 1/3 的高校英语教师认为，他们可以在英语教学中自由地使用信息技术，并可以在网上进行英语教学，这说明，大部分高校英语教师的信息技术还无法满足信息化教学的需要。由此可以看出，在英语信息化教学中，信息技术人员的短缺已经成了其大众化、多水平推广的"瓶颈"。此外，在课堂教学中融入信息技术，特别是利用"慕课"来开展课堂教学，这就要求教师要花费更多的时间和精力来对课堂内容进行整合，对课堂教学进行重新规划，对教学方式、方法等都要从根本上去改变，但是英语教师一般都有自己的工作要做，任务比较繁重，没有时间和精力去做更深层次的研究。

3.资源不足

国外英语慕课的实施，是基于相关的远程网络教育资源和其他方面的长期积累而形成的。然而，中国的网上信息资源，特别是英语基础课的教育，却是一个比较落后的领域，许多高校虽然已经有了优质课程的教学资源，但是当它们涉及"慕课"时，信息化程度就比较低了。许多英语教师都没有足够的心理准备，所以，如何根据高校英语慕课的教学内容，制定教学原则，设置课程评价标准，是未来英语教师们应该继续研究的课题。

（二）慕课对高校英语信息化教学改革的促进作用

1.提高学生的学习效率

对大多数中国留学生而言，英语是一门外语，缺少一个能让他们学习的环境。然而，高校非英语专业的英语课程很少，且没有提供一个很好的学习氛围，不能很好地培养出语感。慕课为学生提供了免费的网络资源，学生可以自由地进行学习，而且学习速度更快。学生也可以制订一个适合自己需求的学习计划，学习自己所需的内容，提高学习效率。慕课通过其知识体系的系统化、结构的明晰以及文法知识的清晰，帮助学生建立起一套系统、准确的语法知识，并让他们自觉地对语言表达进行控制，这样才能确保语言表达的流畅和准确。

2.提高学生的创新能力

英语教师可以根据慕课中的各个模块，对信息技术的内容进行合理的设计，并根据学生的特点和学习水平，进行个性化的设置，使信息技术的应用更加深入，更好地促进信息技术的发展，提升学生的创造力。

3.促进教师角色的转变

慕课的产生，给师生带来了一次根本性的变化。慕课是一种以学生为主体的教学活动，是一个把教师由教学内容提供者向教学情境创建者转化的过程。在此过程中，教师要对教学内容进行精心的选择和设计，并对其进行设置和多个方面的评价。此外，教师还要参与到学生之间的互动过程中，发挥自己的作用，扮演好学生问题的解决者和学习内容的支持者的角色。在教学方法方面，

"慕课"的教学方法需要由"个体性"转向"群体性",但仅凭一两位教师是远远不够的,必须要整个教师团队共同努力才能实现。课程设计组应根据学生的实际情况,及时地对学生的学习情况进行分析,做出相应的动态调整,以满足学生的个体化学习需要。

五、利用慕课进行高校英语信息化教学的策略

(一)合理选择内容

慕课作为一种新兴的网上开放课程,拥有丰富的高质量的课程资源,简单易用,通过互联网就能学到,并且大部分是免费的,没有时间和空间等方面的约束。在慕课教学中,如何选取适当的教学内容,是一项重要的工作。在英语课程中,教师应根据课程安排,选择难度适当、与进度相适应的教材,使英语课程与专业课程内容相结合,利于学生自学。教师应当建立一个有利于学生参与其中的讨论团体或者社交平台。

(二)设置学习问题

在教学过程中,教师要针对教学内容,设计出符合教学要求的小测验、小题,以及某些有探究性的问题。在课前,学生可以在线上进行学习,并以自己的理解能力与兴趣为基础,选择与之相适应的探究性题目进行观看、练习和交流。因为有了慕课平台的支持,学生可以按照自己的能力进行反复的观看和学习,不管是在什么时候、什么地方,都不会受到任何限制,直到他们把知识都掌握了。通过群组或社会平台(微信、微博、QQ等),教师可以很方便地和学生进行沟通,从而了解他们的有关情况,并对他们进行有针对性的辅导和反馈,达到个性化的目的。

(三)开展小组合作

让每位学生都能积极地参加各种活动,为学生提供交流的机会,让他们在

任何时候都能检验自己的观点是否正确，为学生提供多元化的问题解答，这些都是小组学习的优点。通过小组讨论、工作表、拼图学习或头脑风暴等方法，让学生通过对话、商讨、争论等形式，开展有目的性的学习。小组合作学习活动在推动学生个体思维能力的发展、提高学生的交流和沟通能力、维护学生的自尊心、形成个体之间的相互尊重的关系等方面，都有着重要的意义。

（四）交流学习成果

学生在教师的解疑和指导下，通过小组合作学习，完成个人或者小组的成果集锦。学生以课上报告等形式，互相交流各自的心得体会，并与大家一起分享收获与快乐。通过报告、展示、竞赛和汇报等多种方式进行研究成果交换。

（五）改革学习评价

慕课教学模式与常规教学模式相比有很大的不同。在课堂教学中，教师评价、学生自评、互评都是有效的评价方式。在这种学习方法中，不仅要重视对学习结果的评价，还要重视对学习过程的评价，要做到量化评价与定性评价、形成性评价与总结性评价、自我评价与他人评价的良好结合。评价的内容包括问题的选择、学习过程中的表现、成果汇报展示等。

第三节 信息化时代高校英语动态分层教学模式

在新课程改革的推动下，高校信息化在教育中的应用日益广泛。信息化给高校英语教育带来了新的契机，将其与"动态""分层"相结合，有利于提高高校英语教育的质量与水平，对高校英语教育的改革与创新有着重要的现实意义。

一、动态分层教学模式的概念

"动态分层"是指根据不同的学习状况、不同的个性特点、不同的学习能力,把不同英语水平的学生分为不同的两组或更多组。英语教师应依据学生的英语水平,制订相应的教学计划,并以学生的成就作为衡量指标,进行科学的评估。这样的教学方法,既可以使英语课有更多的可能,又可以使他们更好地掌握知识。

在此基础上,提出了一种新的教学方法。显性教学层次是指按照一定的公共准则,进行等级划分和实施,不设班数。而隐性教学层次是在课堂上进行的,这对教师进行"个别化"的教育是很有帮助的。随着多媒体技术的发展,"层次性"教学逐渐成为高校英语课程改革的新方向,它不仅能有效地解决传统课堂教学中存在的问题,而且能降低因个体差异而带来的负面效应。

二、高校英语在信息技术环境下的动态分层教学探究

(一)高校英语动态分层教学模式与信息技术融合的必要性

在信息化条件下,高校英语课堂教学从单一的"板书"转变为一种全新的课堂教学模式。它是在信息化的基础上,将枯燥无味的教学内容,以图画、音频、视频等多种形式呈现给学生。在教学中,教师要创设一个更好的情境,增强情境的真实性,引起学生的注意,从而提高他们对英语学习的兴趣。多媒体技术与"动态分层"的结合,使"听说读写"四大模块的教学内容得到了充实,有利于教师进行多元化教学。因此,本部分提出了"听、说、读、写"英语课程的新思路。比如,在听力教学中引入动态分层教学模式,教师就能够根据学生最近的听力表现,在信息技术的背景下,推荐一种适合学习的听力材料。学生可依据自己的兴趣,选用适当的学习素材,充分发挥自己的听力潜能。此外,信息技术还能为教师提供一个对学生的学习进行管理的平台,便于教师根据学

生的学习状况，进行档案管理和更新，为后期评价奠定基础。

（二）教学内容的动态分层

教师需要"吃透"现有的高校英语教材，以教学大纲为辅，制定各个层面的教学目标，再将教材中的主要内容进行动态分层教学。例如，当教师开展听力教学时，学校提供的教材为《大学英语听说训练》（第三版）。这本书中的听力训练内容安排得比较科学，难度由浅到深。每个单元都由技巧练习、语言练习、口语练习和听力延伸训练四个模块组成，其中技巧练习涉及的内容较简单，包含两个模块，可以分别对学生的听力技巧和口语交际进行训练；语言练习需要学生对两个篇幅较短的文章进行理解，锻炼学生对知识点的掌控能力。

（三）以学生为主体的动态分层

在运用该教材进行课堂听力训练时，教师要根据学生的学习能力进行动态分层，以成绩作为衡量标准，将学生分为A、B、C三个层次。对英语基础薄弱、学习成绩不理想的A类学生，应在此基础上进行技能训练、语言训练，并以口头训练为补充；对于英语水平较低，学习能力较差的B类学生，应以技能训练为基础，并以口头训练为补充；C类英语水平较高，有良好的学习能力，应要求他们做更多的练习。通过长期的努力，A组同学可以积累更多的基础知识，当他们可以独立地完成口语练习有关的培训内容时，就可以晋升为B组的成员。并且，在进行教学时，应最大限度地调动学生的学习潜力，以多种形式将复杂的语法知识刻画在学生的脑海中。通过这个阶段的学习，让学生感到很满意，在教师的正面指导与激励下，学生的英语水平会有很大的提升。

上面的例子中，我们已经解释了学生的动态分层，就是按照学生的能力水平和学习需求来进行分级。但是，这一层级结构并非是固定的，它要求对每一层级的教师进行定期评估，并对每一层级的学生进行动态调整。应当指出，鉴于学生有很强的荣辱心和攀比心，教师应尽量将其淡化，仅作为自己授课时的一个参照，而不在课堂上大张旗鼓地宣传。这既能保证教师的正常教学，又能对学生起到一种特别的保护作用，避免一些学生"破罐子破摔"的非理性学习行为。

（四）作业布置的动态分层

作业的完成情况是教师评判学生学习情况的重要参考标准，也可以对学生学习到的知识点进行巩固和训练。所以，教师在安排动态的、分层的作业时，必须充分利用资讯科技所提供的丰富的教育资源，以提高教师的教育品质与教育能力。比如，在英语教学中，针对不同层次的学生，设置不同的教学任务，使其达到不同水平。学生做完作业后，将作业以电邮方式寄至教师的邮箱，使教师作业批改得更有效率。

（五）评价机制的动态分层

评价是高校英语课堂教学中的一个关键环节，它不仅能使学生通过彼此间的评价来修正自己的不足，而且能使他们在英语课堂上获得新的知识和技能。在高校英语课堂上，评价主要有两种方式：一种是评估，它要考虑到学生在课堂上的表现、出勤和家庭作业的评分，具有很高的整体性；二是一种以学生测试结果为导向的最终评价制度。而在高校英语课堂教学中，教师的考核往往也是一个重要的环节。比如说，在批改学生作文的时候，教师可以在信息技术的环境下，让同水平的学生进行无定向的互相批改，并让学生按照评价建议对自己的作文进行改进，达到共同提高的理想教学效果。

因此，要想获得良好的教学效果，就要根据学生的实际状况和教学过程，进行动态的分层和教学方式的创新，并借助信息技术，使高校英语课程体系更加符合师生的需要。但是，在实施动态的分层教学时，不可以让学生知道，以免使他们产生自卑感，从而削弱教学效果。

第四章 信息化时代高校英语教学内容解析

第一节 信息化时代高校英语听力教学

一、高校英语听力教学的理论认知

（一）高校英语听力理解的性质理论

随着对语言性质的深入理解和教学理论的不断发展，高校学生对英语听力理解的性质的认识也日渐完善。

1.结构主义语言学与行为主义心理学理论

20世纪40年代，听说法是英语教学领域的主要教学方法。当时，听说法盛行以结构主义语言学和行为主义心理学为理论基础，并在军队外语培训中取得了巨大成功，被看作最有效的教学方法。

从结构主义语言学的角度看，英语教学应关注的是语言的形式和结构，听力教学因而也在语言形式的语音、单词、句子和篇章四个层面上进行。例如，在训练学生听懂一段课文时，教师先是从元音和辅音的识别出发，然后依次进入单词、句子和篇章的层面，这种"自下而上"的听力教学模式旨在让学生通过语音识别来理解单词的意思，并在此基础上理解句子的含义，然后再通过对句子含义的理解把握整个篇章的含义。

在当时的行为主义心理学的影响下，语言学习也被深深地打上了"刺激—反应"模式的烙印，语言能力的获得和发展被看作对行为的反复操练的结果。

因此，听力教学的一个重要内容就是让学生反复进行语音的识别和听辨训练，而语音的意义没有得到应有的重视。在大多数情况下，教师往往让学生将所听到的单词翻译成母语，以检查学生对听力教材的理解情况。

2.功能主义语言学理论

20世纪70年代以来，随着功能主义语言学理论的不断发展，人们开始注重对语言的社会功能的研究。功能主义语言学认为，语言是人际交往的工具，而不是一个孤立的结构系统。因此，外语教学的目的是把学生培养成具有交际能力的语言使用者。听力教学应该培养学生准确理解说话者的意图和有效地进行语言交际的能力。随着认知心理学的不断发展和完善，许多研究者开始重视对听力理解过程的研究，并结合语篇的宏观结构、认知图式、认知推理以及语境等因素来揭示听力理解的性质。

在听力理解过程中，随着语篇的展开，听话者需要明确语篇是由一系列句子构成的，但句子的含义有时要受到语篇宏观结构的制约，对单个句子的理解并不能说明已经理解了整个语篇，听话者需要随着语篇的发展对理解不断地做出调整。认知推理是听力理解的一个重要方面，在听力理解过程中发挥着至关重要的作用。因此，如何训练学生在听力理解过程中运用各种认知策略进行自发的、能动的认知推理是高校英语听力教学中不可忽略的一个方面。推理是语篇理解所不可缺少的一部分，但它是在瞬间完成的。也就是说，听话者所做出的推理是一个自然的过程，它是整个理解过程的一部分。这种推理并不是凭空进行的，听话者在听到某一话语后，就会立即在大脑中激活一系列与话语相关的经验知识或背景知识，并在此基础上通过认知推理来理解话语的意义。

3.听力理解的主要性质

听力理解是一个极其复杂的过程，它涉及语言、认知、文化、社会知识等因素。听力理解的性质主要涉及以下几方面：

第一，辨认单词并记住与该单词相联系的意义。

第二，理解每一个单词如何与语境发生相互作用，并为邻近单词的意义创造语境；理解一个句子中的哪些词语构成主语，哪些词语构成谓语，并理解指代成分所指代的人或物。

（3）既要理解每一个句子在局部上下文中的含义，也要理解该句子在整个语篇中的含义。

（4）对语篇的理解涉及两个方面，一是根据语篇的局部语境所提供的知识和背景知识来理解语篇内容；二是对语篇中所暗含的人际、空间、时间、因果和意图关系做出推理。

（5）对于较长的语篇而言，应至少记住其大意；对于较短的语篇而言，应在记住其大意的基础上，尽可能多地记住重要内容，特别是与说话者的当前意图相关的内容。

（二）高校英语听力理解的过程理论

高校英语听力理解的过程主要具有以下三个特点：

第一，听力理解是一个积极的过程。在听力理解过程中，听话者并不是消极地或被动地运用听觉来接收信息的，而是通过调动大脑中的已有知识进行能动的认知推理，进一步理解说话者所传达的信息和意图。因此，听力理解是听话者积极主动地参与语言交际的过程。

第二，听力理解是一个创造性的过程。意义并不是现成存在于语言材料之中的，不同的听者对于同一个单词或句子可能会有不同的理解。在语言交际过程中，说话者为了语言表达的经济性，不可能也没有必要把任何细节都表达出来。因此，在听力理解过程中，听者需要根据语言材料所提供的线索以及自己的社会经历和背景知识创造性地建构意义。

第三，听力理解是一个互动的过程。作为语言交际的一个重要方面，听力理解涉及说话者和听话者双方。从某种意义上讲，听力理解是交际双方在相互作用中磋商意义的过程。特别是在面对面的语言交际中，说话者可以通过听话者的面部表情和身体手势来判断听话者是否理解自己的意思，并以此来调整自己的语言。同样，听话者可以用语言的或非语言的手段来表明自己是否理解了说话者的意思，或者直接与说话者进行语义上的磋商。

（三）高校英语听力理解的因素理论

1.听力理解的影响因素

影响听力理解的重要因素包括听力材料特征、说话者特征、任务特征、学习者特征和过程特征。

（1）听力材料特征

听力材料特征指语速、词汇与句法以及学习者对材料所涉及的内容的熟悉度等因素。因此，高校英语教师在选择听力材料时，应根据学生的英语水平和认知能力，选择语速和难度适中的材料，并适当增加背景知识的介绍，以便使学生更容易地理解材料的内容。

（2）说话者特征

说话者特征指性别因素对听力理解的影响。

（3）任务特征

任务特征指听力理解的目的和听力学习所涉及的问题类型，如让学习者回答多项选择题、进行概括推理或寻找某一特定信息等。

（4）学习者特征

学习者特征指学习者的语言水平、记忆力、情感因素和背景知识等。由于人是认知的主体，听力理解与学习者各方面的相关知识水平和主观因素息息相关。

（5）过程特征

过程特征指听力理解的心理过程，如学习者采用的是"自下而上"模式，还是"自上而下"模式，或是互动模式。

2.对高校英语听力教学的启示

厘清影响听力理解的因素对提高高校英语听力教学质量具有非常重大的意义。

第一，就听力材料的选择而言，教师和教材编写者应注意材料的难度，并且要着重根据语言习得的规律，选择略高于学生水平的可理解性输入。必要时，教师可以适当介绍一些与听力材料相关的背景知识。

第二，就说话者特征而言，教师在选择听力材料时应该具有广泛性，因为说话者既有女性也有男性，既有高级学者也有普通大众，说话者的职业既有代表性也有普遍性。

第三，就任务特征而言，教师应根据学生的需要设计丰富多彩的听力活动，提高学生的学习兴趣，调动学生学习的积极性，避免听力活动的单一性。

第四，就学习者特征而言，教师在教学过程中除了要提高学生的兴趣和积极性，还要从各个方面挖掘学生的知识潜力并培养学生的思考能力和推理能力。在课堂上，教师要创造活跃的学习氛围，减少学生的心理压力和紧张情绪。

第五，就过程特征而言，学生可以在教师的指导下，采用适合自己的听力策略。至于"自下而上"模式、"自上而下"模式和互动模式的选择问题，需要根据学习者所处的学习阶段及其认知能力和知识水平等因素来确定。

二、高校英语听力教学的目标与特点

（一）高校英语听力教学的目标

高校英语听力教学目标分为三个等级，即基础目标、提高目标和发展目标。

1.基础目标

基础目标是针对大多数高校非英语专业学生的英语学习的基本需求确定的。具体包括：能听懂就日常话题展开的简单英语交谈；能基本听懂语速较慢的音频、视频材料和题材熟悉的讲座，掌握中心大意，抓住要点；能听懂用英语讲授的相应级别的英语课程；能听懂与未来工作岗位相关的常用指令、操作说明等；能运用基本的听力技巧。

2.提高目标

提高目标是针对入学时英语基础较好、英语需求较高的学生确定的。具体包括：能听懂一般日常英语谈话和公告；能基本听懂题材熟悉、篇幅较长、语速中等的英语广播、电视节目和其他音频、视频材料,掌握中心大意,抓住要点和相关细节;能基本听懂用英语讲授的专业课程或与未来工作岗位、工作任务等相关的口头介绍;能较好地运用听力技巧。

3.发展目标

发展目标是根据高校人才培养计划的特殊需要以及部分学有余力学生的多元需求确定的。具体包括:能听懂英语广播、电视节目,以及主题广泛、题材较为熟悉、语速正常的谈话,掌握中心大意,抓住要点和主要信息;能基本听懂用英语讲授的专业课程、英语讲座和与未来工作相关的演讲、会谈等;能恰当地运用听力技巧。

(二)高校英语听力教学的特点

1.听力教学对象的特点

通常一个班级的学生来自全国各个地方,学生的听力水平参差不齐。有些学生听力基础差,没有掌握正确的学习方法;有些学生的语音、语调存在很大问题,因而很难听懂正常语速的听力材料甚至已经学过的常用词;也有一些学生英语水平很高,比较容易听懂听力材料。在学生听力水平不同的情况下,使用相同的教材和教学方法,使得听力水平较低的学生不想学,教师难授课,因此无法达到提高高校英语听力水平的教学目的。目前,一些学校尝试打破传统的以院系为单位的班级,将学生听力水平分成提高、普通和预备三个层次,有针对性地选择授课内容和授课方法,以便更好地贯彻因材施教的原则。

2.听力教学内容的特点

高校英语听力教学内容较为广泛,不仅包括语言知识、文化知识,还包括培养学生对听力策略的掌握和运用。

目前,学生主要的听力问题可以概括为三种:第一种是"听不清",即对单词的发音、英语的语调特征、说话速度不熟悉,导致学生不能有效地获取信息;第二种是"听得清却听不懂",这是由于对英语的句法结构、文体特征、篇章逻辑不了解和缺乏听力技巧而造成的障碍;第三种是"听懂了却无法理解",这是由于学生个人的知识结构、文化背景与所听材料的差距过大造成的。因此,词汇障碍、语音障碍、语义障碍、听力障碍、心理障碍以及文化障碍等成为高校英语听力教学的主要问题。

三、信息化时代高校英语听力教学策略

(一)高校英语听力教学的一般策略

1.听力材料的多样性选择

在选择听力材料时,教师既要结合教学实际的需要,又要结合学生现有的能力和兴趣,还可以让学生在课堂上以英语游戏的形式参与活动,循序渐进地进行练习,让学生既在乐中学,也在玩中学,最大限度地挖掘他们的潜在能力,发挥他们的主观能动性。

丰富的课堂内容,比单一的听力训练更能激发学生的学习兴趣。兴趣是最好的教师,有了兴趣,英语学习就是一种享受,自然会事半功倍。传统听力教学长期采用单一的教学模式:放音、练习、对答案,过于依赖教材,听力内容单调乏味,无法激发学生的学习兴趣和热情,因此在课堂材料的选择上,应充分考虑学生的兴趣、心理状态、当下热门话题等。

在多媒体教学环境下的今天,教师可以播放英文电影、教学情景对话和新闻练习听力,通过增强听力内容的趣味性、时效性,适当引入一些流行元素,提高学生的英语水平。英文电影作为一种直观、形象、生动的教学方式,越来越受到学生的青睐。英文电影有吸引人的剧情,让学生能够身临其境,有些情节非常具有趣味性,影片中的英语不再是死气沉沉、让人望而生畏的语言,而变成妙趣横生、充满生机和活力的实践。

每周增加一点趣味学习内容,如让学生学唱英文歌曲,进行英文电影配音,从而提高学生的英语学习热情和积极性,从而使他们在轻松愉悦的氛围中提高英语听力水平,并且对提高学生的口语表达能力也非常有帮助。

2.增强文化背景知识分析

随着英语听力教学的不断深入和发展，文化背景知识的导入越来越受到重视。每个民族都有自己独特的文化背景和风俗习惯，如果不熟悉西方国家的文化背景知识，不懂得用西方思维方式来理解英语语言，就会给英语学习造成很大的障碍，学生就会很难理解某些听力材料或是对听力材料产生误解，有时学生可能已经听清楚每个词了，却不能完全理解整个句子或是整篇文章所要表达的意思。在高校英语听力训练中，介绍文化背景知识是十分重要的，以下从文化背景知识对听力的影响进行探讨：

（1）民俗习惯

随着国际交往的进一步发展，越来越多的中国人认识了一些西方节日，但是因为不了解西方文化，他们往往不知道这些节日的起源和发展。例如有一篇关于 Boxing Day 的听力材料。Boxing Day 译为节礼日，是每年的圣诞节次日或是圣诞节后的第一个星期日。关于节礼日的起源有以下不同的观点：第一，被广泛认可的说法是雇员在圣诞节后的第一个工作日会收到雇主的圣诞礼物，这些礼物通常被称为"圣诞节盒子"（Christmas Boxes）；第二，牧师将在这天打开功德箱，将里面的捐款分发给穷人。节礼日现在普遍被认为是购物日，因为在圣诞节过后的第一天，许多商家都会推出减价活动。如果学生并不了解有关节礼日的文化背景，就不能较好地理解这篇有关 Boxing Day 的听力材料。

（2）思维方式

不同的民族有着不同的思维方式，对待同一事物的看法也会有所不同。比如，在时间观念上中西方就存在差异。在赴约时，中国人会提前到达以示礼貌，而美国人更注重要准时到达。如果迟到让人等候，显然不礼貌；但如果提前到达，主人还没有准备好，就会造成很多不便。所以在一些非常正式的场合，守时更为重要。

（3）生活习惯

在不同的文化背景下，各个民族的生活方式及礼仪习俗必然有所不同。了解在生活习惯上的差异有助于帮助学生更好地理解听力材料的内容。

3.播放听力材料前的重要提示

在给学生上听力课时，教师不能只是给他们放录音带，也不能只给他们解释一点词汇或者短语，而是应当用已有的与材料相关的知识来引导学生。比如，教师可以用简短的讨论进入主题，让学生根据听力题目或者预先给的一些暗示来猜测听力的内容，从而帮助学生理解所要听的材料。通过这些方式，可以让学生对将要听到的内容有所期待，也从心理上进入一个准备阶段。

更为重要的是，要给学生一个可选择的任务与目的。没有一定的目的，学生将处在一片黑暗之中，当他们努力地想记起一切的时候，事实证明，到最后他们什么也想不起来。所以，教师应当尝试在播放听力材料之前给学生提出一些问题，或者要求他们挑出两个到三个要点，或者给出听力过程中的主要步骤。设计一些有特点的与主题相关的任务，摒弃无关的信息。如果听力材料过长，教师可将听力材料分割成几个部分，根据不同部分的内容提一些相关的问题。如果听力材料有一定的难度，教师可先用简单的语言来表述，但是切记不能说太多或者将听力材料重复地跟学生叙述。否则，学生可能因此而对听力材料失去兴趣。同时，培养学生在听听力材料的同时做笔记的能力，教师可以在听听力材料之前向学生提出一些相关的问题，这样一来学生就更有目的性，效率也会提高。用这种方法，学生就不会遗漏听力材料中的一些要点和细节，同时，这种方法也有助于学生理解较长的听力材料。

4.学生要抓住材料重点内容

通常而言，学生喜欢把听力材料里的每个单词都理解清楚。事实上，不同的听力材料在不同的语速下，对于听力能力较弱的学生而言很难完全听清楚。因此，只要学生能把听力材料的重点，即听懂并理解听力材料中的重要内容就可以了。一般而言，一篇听力材料里的诸多新单词并不会影响学生理解全篇大意。所以教师应当经常提醒学生要听重点，根据问题留意某些细节就可以了，并教会学生如何抓住听力材料的重点。

5.精听与泛听相结合的策略

精听是指"精确听力练习"，要求学生在听力练习中捕捉每一个词、每一个短语，不能有任何疏漏和不理解之处；泛听要求学生在听力练习中以掌握文章的整体意思为目的，只要不影响对整体文章的理解，一个词、一个短语甚至一个句子听不懂也没关系。精听的练习方法如下：

第一遍精听，这时要做到全神贯注、专心致志，以篇章为单位，听完一遍之后，要注意检查是否能听到发音类型，听到的生词数量，语速是否过快或者过慢，是否能理解文章或对话中句子之间的逻辑关系。在精听第一遍时要达到的效果是回忆文章大意。

第二遍精听，在第一遍的基础上再听一遍，并以篇章为单位，重复地听。听完一遍，暂停，然后复述刚刚听到的内容。然后用自己的话概括文章的大意，不用精确到具体的时间、地点、数字（这些是下一阶段的任务）。

第三遍精听，与前两次不同，这次听的时候，要适当地用笔记录下来一些细节，比如时间、地点、人物，以及文章中具体描述的细节。此外，如果有列举的成分在，一定要努力列清楚所有的条目。听完后，根据笔记尝试把文章复述出来，不仅仅讲文章大意，还要讲文章细节，这个过程就叫作"笔记辅助复述"，尽可能详细地复述出原文。

精听和泛听可以结合练习，如某一篇文章中有几段可以用精听的方法练习，在练习的过程中准确无误地听到某些细节性的信息，有几段可以用泛听的方法了解文章的梗概。

（二）信息化高校英语听力教学的创新策略

1.优化教学设备，提高学生学习兴趣

现代多媒体设备在英语听力教学中的一个最重要的特点就是优化了教学设备，使教师的教学手段变得更加丰富。高校英语听力教学不仅仅要提高学生们的听力成绩，更多的是要通过听力教学来培养学生的英语语感，从而提高他们在口语表达、文章理解、表达技巧等方面的综合能力，在进行英语听力教学前，教师要找出听力原文中的一些重难点词汇，然后通过多媒体设备将这些词汇的用法、意义形象化地表现出来，让学生通过这样生动的教学方式来深刻理解这些词汇的含义，从而为提高英语听力教学质量奠定基础。

2.通过课堂活动来营造教学氛围

教师在高校英语听力教学中要改变以往传统的教学方式，不能只有教师在课堂上授课，而学生在下面昏昏欲睡，教师要利用多媒体设备来活跃课堂气氛，给学生营造一个轻松、愉快的学习氛围，这是保证课堂质量的关键。比如，教师可以在进行听力教学时，在学生都掌握听力原文所表达的意思以后，让学生进行听力内容的对话，通过模拟听力中的实际场景来让学生更深刻地体会教学内容，这样学生在接下来的学习中会感到更加轻松。这样做不仅能提高学生对听力内容的理解，还能增强学生的口语表达能力和团结合作意识，使他们能在轻松、愉快的学习氛围中提高英语学习的积极主动性。

3.丰富教学资源

多媒体设备在教学课堂中的应用还可以通过丰富课堂教学资料来实现对教学质量的提高，多媒体技术可以将图像、文字、声音等内容有机地结合在一起，将教学内容以一种生动、形象、具体的形式表现出来，所以教师可以借助多媒体设备来丰富课堂内容。例如，教师在讲到 *How do you make a banana milkshake*（《如何制作香蕉奶昔》）时，可以通过多媒体来向学生具体地展示香蕉奶昔的制作过程，这样，学生在实际的制作场景中可以更轻松地理解和掌握教学内容，然后对学生再进行听力内容的训练时，学生通过视觉和听觉的完美结合，并结合自己脑海中的制作场景可以更加直观地理解听力内容，教学效果自然比以前更好。

第二节 信息化时代高校英语口语教学

一、高校英语口语教学的理论认知

（一）高校英语口语教学的行知理论

1.建构主义理论

高校英语口语教学需要有话题支撑，教学的过程需要教师和学生的交流和协作才能进行，学生的主体地位十分突出。建构主义教学理论在高校英语口语教学中具有很强的适用性。

建构主义是认知结构学习理论在当代的发展，它强调学生具有无限的潜能，认为教学要把学生现有的知识经验作为新知识的生长点，引导他们从原有的知识经验中发现新的知识经验。建构主义认为，学习是在社会文化背景下，通过人际的协作活动而实现的意义建构的过程。

（1）知识观

建构主义者一般强调，知识并不是对现实的准确表征，它只是一种解释、一种假设，并不是问题的最终答案。而且，知识不可能以实体的形式存在于具体个体之外，尽管通过语言符号赋予了知识一定的外在形式，甚至这些命题还得到了较普遍的认可，但这并不意味着学生会对这些命题有同样的理解，因为这些理解只能由个体基于自己的经验背景而建构起来，它取决于特定情境下的学习历程。学生对知识的接受只能靠自己的建构来完成，并以经验、信念为背景来分析知识的合理性。学生的学习不仅是对新知识的理解，也是对新知识的分析、检验和批判。

（2）课程观

建构主义者强调，用情节真实、复杂的故事呈现问题，创设解决问题的环境，以帮助学生在解决问题的过程中活化知识，变事实性知识为解决问题的工具；主张用产生于真实背景中的问题启发学生思维，并以此支撑和鼓励学生在解决问题中进行学习、基于案例和项目进行学习，进而以此方式参与课程的设计与编制；主张课程既要基于学科，又要超越学科，面向真实世界，从而使教学始于课堂，走出课堂，融入社会。

（3）教学观

建构主义者强调，教学通过设计重大的任务或问题以引导学习和支撑学习的积极性，帮助学生成为学习主体。建构主义学习环境由情境、协作、会话和意义建构四个要素构成。其中，情境是意义建构的基本条件，教师与学生之间、学生与学生之间的协作，以及会话是意义建构的过程，而意义建构是建构主义学习的目的。

（4）学习观

建构主义者认为，知识不是通过教师的传授获得的，而是学习者在一定的社会文化背景下，借助其他人（包括教师和学习伙伴）的帮助，利用必要的学习资料，通过意义建构的方式获得的。学习是个体建构自己知识的过程，这意味着学习是主动的，学生不是被动的刺激接受者，要对外部信息做主动的选择和加工，因而不是行为主义所描述的"刺激—反应"过程。而且，知识或意义也不是简单地由外部信息决定的，外部信息本身没有意义，是学习者通过新旧知识经验间反复的、双向的相互作用过程建构而成的。其中，每个学习者都在以自己原有的经验系统为基础对新的信息进行编码，建构自己的理解，同时原有知识又因为新经验的进入而发生调整和改变，所以学习并不简单是信息的积累，它也包含由于新旧经验的冲突而引发的观念转变和结构重组。学习过程并不简单是信息的输入、存储和提取，而是新旧经验之间的双向的相互作用过程。

（5）学生观

建构主义者强调，学生并不是空着脑袋走进教室的。在日常生活中，在以往的学习中，他们已经有了丰富的经验，往往会依靠他们的认知能力，形成对问题的某种解释。而且，这种解释并不都是胡乱猜测的，而是从经验背景出发推出的合乎逻辑的假设。所以,教学要把学生现有的知识经验作为新知识的生长点,引导学生从原有的知识经验中发现新的知识经验。

(6)教学模式

基于建构主义教学观的理论,产生了一系列不同于以往的教学模式,以下分析较为典型的模式:

第一,情境性教学。情境性教学强调教师在课堂教学中展示与现实中专家解决问题过程相类似的探索过程,提供解决实际问题的原理,并指导学生去探索;强调以模拟真实性任务供学生了解自己所要解决的问题,以整体性、复杂性、挑战性任务激发学生学习的内部动机,培养学生解决问题的能力。

显然,情境性教学的仿真性应是高校英语口语教学竭力追求的教学思路。仿真性探索过程或原型式问题解决过程展示,是目前较为普遍的英语口语教学模式。通过外文书店货架上琳琅满目的音像口语教学材料,就能感受到人们单纯依赖英语口语教材的时代已经一去不复返。情境性教学理论对于转变学习观、教学观具有重要的现实意义,也正因为如此,如何大胆地取舍教材,如何大胆地汲取各种信息媒介中的英语口语课程资源,已经成为目前必须正视和思考的问题了。

第二,支架式教学。支架式教学模式是针对教师和学生在教与学的过程中各自所起的作用而言的,教师引导着教学的进行,辅助学生掌握、建构和内化所学的知识技能,从而使学生进行更高水平的认知活动。也就是说,通过支架(教师的帮助)把管理学习的任务逐渐由教师转移给学生自己,最后撤去支架。

具体到英语口语教学,教师的引导和辅助作用也十分重要。承认语言习得需要在课堂上尽可能多地接触可理解的语言输入,大量输入对于语感形成具有重要作用,因此大多数教师还是倾向于学生英语学习中习得与学习并存的说法。根据我国英语教学法在传统教学法与交际教学法之间如何做出选择的问题,应依照不同的原则,把二者有机结合起来。在高校英语口语课堂教学中,教师必须做的就是让学生理解语言输入,进而保证学生从"i"阶段(习得者的能力水平)移向"i+1"阶段,即按某种自然顺序习得的阶段。而如何把握

"可理解"的尺度是非常关键的,是非常需要教师发挥其"支架"作用的。

第三,随机进入式教学。随机进入式教学是指对同一内容、不同时间、不同情境,基于不同目的,着眼于不同方面,用不同方式多次加以呈现,以实现学习者对同一对象的全方位、多方面的理解。

2.输入输出理论

(1)输入理论

输入教学理念在外语教学与研究领域一直受到广泛关注。作为语言习得的前提和必要条件,学者就其在语言习得过程中的地位进行了论述。在关于输入的众多理论研究中,最具影响力的是美国学者克拉申在1985年提出的"输入理论"。他指出,可理解性输入是二语习得的唯一条件。"可理解性输入"指的就是整体难度不超出学习者的基本能力和理解范围,但又稍稍高于学习者的现有水平的语言输入,用公式表示就是"i+1","i"代表学习者目前的知识水平和能力,"1"代表略高于学习者目前知识水平的语言知识,"i+1"表示学习者习得后略高于原来水平的语言能力。

克拉申认为,只有提供给学习者高于目前语言水平的可理解性输入,语言的习得才得以发生。对于"i+1"的知识内容,学习者根据具体语言材料提供的情景能自然而然地习得语言,语言能力也因此不断提高。

可理解性输入应具备以下特性:

第一,可理解性。可理解性输入是产生语言的前提和要素,不可理解的语言对于语言习得是毫无用处的。为语言学习者提供的语言材料及创造的语言环境应是可理解性的,只有这样学习者才能根据自己的现有语言水平有选择性地获取新的语言知识,从而推动语言能力的进一步提升。

第二,非语法性。语言材料和教学内容的安排没有必要按照语法要求编排,这样做的目的是帮助学习者把注意力放在具体语言使用环境中的语言交流上,避免学习者把注意力过度集中在语言形式上的安排。

第三,关联性。用于输入的语言必须要与学习者有一定的关联性,只有这样,学习者才能够在相关背景知识的帮助下自然而然地习得语言。

第四，充足性。对于学习者语言知识的输入量要充足并且要高于当前语言学习者的语言水平，只有充足的、高于现有语言水平的输入才可以促使习得的产生。

（2）输出理论

输入理论认为，可理解性输入是语言习得的唯一条件，输出是输入的自然结果，对语言习得没有直接作用。输出理论是著名语言学家斯温提出的。学生在进行外语学习的过程中会出现一些较常见的语法错误，这种现象出现的原因并不单纯是学习者的语法基础较差，另外一个通常被教育者忽视的原因是在课堂上教师绝大多数时间都在进行输入式教学，学生很少用目的语言进行交流，教师的反馈难以形成系统。输出理论认为，语言的习得不仅需要输入，输出也是必不可少的一个环节。可理解性输出不仅可以锻炼学习者的语言流利性，对于提高学习者的语法准确性也有重要意义。

可理解性输出对于语言的习得具有三种功能，分别是引发注意功能、假设验证功能和元语言功能。

第一，引发注意功能。输出理论认为，在学习者进行目标语输出的过程中，会注意到自身的语言和目标语之间的差距，这种注意引发学习者进一步有意识地思考和认知，语言输出的准确性得以产生。

第二，假设验证功能。语言学习者在习得的过程中首先对目标语的语言形式和结构形成假设，然后以输出为形式对于假设进行验证，随着反馈的产生，不断进行修正，进而形成新的假设，假设验证功能循环进行，语言习得随之产生。

第三，元语言功能。元语言是指学习者所具有的目标与知识的总和。在输出过程中，学习者的反思和分析，激发了其对目标语的内在认识，以语义为基础的认知逐渐过渡到以语法为基础的认知，输出在整个过程中扮演了元语言功能的角色。

3.输入输出理论对于高校英语口语教学的启示

（1）完善可理解性课堂输入

学生在口语表达中遇到的最大问题通常是无法用现有的语言知识表达自己的观点和想法，究其原因是语言输入太少，输入量不足，无法促进输出。可理解性输入对于语言习得具有重要意义，高校英语口语教学改革的首要任务就是完善和加强可理解性的课堂输入。

根据输入理论的要求，提供给语言学习者的输入须是可理解性的，只有可理解性的输入才能有效促成语言习得。因此，高校英语课堂上的语言输入首先需要符合学生的实际语言水平，根据学生现有水平进行输入材料的选择，因材施教，输入材料既要符合学习者的现有水平，又要在一定程度上超出学习者目前的口语水平，这样的输入更有针对性。高校扩招使得学生的口语水平参差不齐，而完善的可理解性课堂输入能够有效解决这一问题。

另外，丰富的输入材料对于输入是必不可少的。克拉申的"i+1"公式明确指出高于学习者目前水平的输入量的必要性。多种多样的阅读材料和听力资源都是输入的有效途径，教师可以不拘泥于教材，向学生推荐一些知识性、趣味性、前沿性都很强的阅读听力资源，如可以让学生阅读英语报纸杂志、观看英文电影和电视节目、收听英文广播等。这样能让学生有效地补充课内输入单一性的不足，让学生接触到纯正的英语表达，让学生通过课内外输入尽可能多的语言知识，以促进口语输出的产生。

（2）多种途径推动语言输出

根据输出理论，可理解性输入之后，大量可理解性输出对于语言习得起着关键性的作用。对于高校英语口语教学而言，形式多样、行之有效的口语输出方式至关重要。对于口语输出而言，轻松愉悦的课堂氛围是必要的，教师要为学生营造一种轻松无压力的交流氛围，充分考虑学生的个体差异，重视对学生的鼓励和自信心的培养，使学生在轻松的课堂环境中进行有效的口语输出。

在传统的高校英语教学实践中，教学模式以单一语言输入方式为主，在高校英语口语课堂改革中，教师应不断探索多样性输出形式，力争在有限的课堂时间之内，提供给学生更多的输出机会。通过开展分组讨论，写报告，辩论，故事复述，图片描述，定题对话，英文歌曲比赛，短剧表演等课堂活动，培养学生口语表达能力。在学习者输出的过程中，他们在特定语境中能够意识到自己目前的语言水平与目标语之间的差距，充分引起学习者的注意，推动学习者进行语言输出，并在输出的过程中不断验证假设，促使学习者不断完善自身的语言结构，从而达到语言能力的习得。

（3）完善英语口语测试体系

测试是输出过程中的重要环节，比较我国目前现行的各类语言类测试，会发现在现行英语考试中，英语口语测试并没有受到足够的重视，极大地限制了学生英语口语水平的发展。现行英语考试设置对于口语测试部分的忽视，无疑会把绝大多数高校学生的英语学习重点引向阅读或者听力、写作，而忽视了口语表达的重要性。

输入输出理论作为语言习得的全新视角，在如何加强教师与学生之间、学生与学生之间的互动，如何提升学生的学习动机和积极性，如何设计以输出为目的的教学活动等方面具有重要的启发性作用。如果将输入输出理论应用到英语教学实践和改革中，完善可理解性的课堂输入，并且探索多种途径推动学生的语言输出。输入输出理论作为一种全面的视角和教学思路在高校英语口语教学改革及整个高校英语综合教学模式探索方面都有一定的启发和借鉴作用。

（二）高校英语口语教学的二语习得理论

1.二语习得理论的性质

第二语言习得（Second Language Acquisition，二语习得），通常指在母语习得之后的任何其他语言学习。人们通常从社会学、心理学、语言学等角度去研究它。第二语言习得研究作为一门独立学科，大概形成于20世纪60年代末70年代初，距今已有50多年的历史。它对第二语言的特征及其发展变化、学习者学习第二外语时所具有的共同特征和个别差异进行描写，并分析影响二语习得的内、外部因素。与其他社会学科相比，二语习得研究是个新领域，大都采用母语研究、教育学研究或其他相关学科的方法。概括地说，这一领域的研究是为了系统地探讨二语习得的本质和习得的过程。其主要目标是：描述学习者如何获得第二语言，以及解释为什么学习者能够获得第二语言。

2.二语习得理论的研究

早期的二语习得理论是教学法的附庸，为提高教学质量而服务，但是随着时代变迁，二语习得理论有了自己的研究领域，并开始成为一门独立的学科。如今的二语习得研究涉及三大领域，即中介语研究、学习者内部因素研究和学习者外部因素研究。

自20世纪70年代以来，人们对二语习得从各个不同的方面进行了研究，所运用的研究方法也各具特色。有的研究侧重于描写，有的研究偏重假设，有的研究采用实验，第二语言的多侧面、多方法的研究格局导致了该领域中的理论层出不穷。比较著名的二语习得理论有：乔姆斯基的普遍语法与二语习得、克拉申的监控理论和二语习得环境论。

在20世纪末影响最大、最引人关注的二语习得理论当数克拉申的监控理论。他把监控理论归结为5项基本假说，即语言习得与学习假说、自然顺序假说、监控假说、输入假说和情感过滤假说。克拉申认为，二语习得涉及两个不同的过程，即习得过程和学得过程。所谓"习得"是指学习者通过与外界的交际实践，无意识地吸收到该种语言，并在无意识的情况下，流利、正确地使用该语言。而"学得"是指有意识地研究且以理智的方式来理解某种语言（一般指母语之外的第二语言）的过程。克拉申的监控假说认为，通过"习得"而掌握某种语言的人，能够轻松流利地使用该语言进行交流；通过"学得"而掌握某种语言的人，只能运用该语言的规则进行语言的本监控。通过语言的学习发现，"习得"方式比"学得"方式更为重要。自然顺序假说认为，第二语言的规则是按照可以预示的顺序习得的，某些规则的掌握往往要先于另一些规则，这种顺序具有普遍性，与课堂教学顺序无关。"输入假说"是"监控理论"的核心内容。克拉申认为，学习者是通过对语言输入的理解而逐步习得第二语言的，其必备条件是"可理解的语言输入"。只有当学习者接触到的语言输入是

"可理解的",才能对第二语言习得产生积极作用。"情感过滤假说"试图解释为何学习者的学习速度不同,最终达到的语言水平不同。学习者所接触的可理解输入的量以及他们的情感因素对语言习得同样产生重要影响。情感最终影响语言习得的效果。

3.二语习得应用的阶段

二语习得在实际的语言学习过程中包括四个基本阶段:第一阶段为沉默期;第二阶段为英语语法干扰期;第三阶段为学术英语提高期;第四阶段为学习曲线上升期。

根据前面所述的二语习得理论及具体的四个阶段可以看出,二语习得理论对语言教学有着重要的启示作用,为二语习得的研究和教学开辟了一片新的领域,使第二语言的教学有了明显的进步,而由克拉申自己开创的自然教学法也取得了很好的效果。首先,语言是交流的工具。二语习得理论是建立在"语言是交流的工具"这一基础上的。习得和学得的区别是前者是潜意识的学习过程,后者是有意识的学习过程。习得是以"规则"为判断基础的,学得是以"语感"为判断基础的。从根本上说,语言是交流的工具而不是规则、语音和词汇的组合。我国学生和教师都熟悉传统的语言教学模式,通常每一节课都会以教授和练习某一语法结构为目的,这一语法结构掌握了,就会开始下一个。事实上,应该"先要交流再要语法"。只有把交流看作教学的重心,语言教学才会成功。其次,输入第一,输出第二。在语言学习中,听、说、读、写四种技能很难被分开,所以也很少有人去考虑哪个更重要。克拉申强调只有在有了足够的输入,学习者感到已经准备好了的时候,输出才会自然出现。在接触了足够的输入,积累了足够的语言能力后,输出会自然出现。克拉申认为,可理解的输入是提高语言能力的唯一因素。最后,语言课堂的气氛应该降低情感过滤因素影响。情感因素会妨碍或促进输入到达语言习得机制。所以,语言学习的课堂气氛应当有助于降低学生的情感因素的妨碍作用。

作为高校英语口语教学当中角色之一的教师就要发挥好指导作用。教师的首要职责是创造一种轻松的课堂氛围,促进语言习得的效果。教师的主要任务是鼓励学生，提高学生的语言学习兴趣。无论他在课堂上做什么，教师都应该要激发学生的兴趣，降低学生的情感过滤因素的妨碍作用。在教学的不同阶段，教师可能会担当不同的角色。

第一，提供输入材料阶段，教师是提供信息者。这一阶段是语言学习最重要的阶段，教师是课堂的焦点，通过各种手段向学生提供可理解的足够的输入材料。

第二，练习阶段，教师是导演和现场督导。在此阶段，轮到学生说话，教师要像经验丰富的导演那样进行指挥和组织，并起到督导的作用，保证活动的顺利进行。

第三，输出阶段，教师是经理和导游。在这一阶段要善于鼓励学生，使学生保持兴趣。同时，作为高校教师，还应该要注意在课堂的教学活动中不要过分要求输出，在开始阶段应允许学生用单词、短语，甚至断句来回答，循序渐进；语法虽然是英语学习的基础，但在口语的教学活动中，对语法的纠正应该被局限在最低的程度，毕竟有意识的语法应用无助于语言能力的提高；教师应当积极主动，多以鼓励和辅助为主，这样才有助于提高学生在口语学习中的学习动机，增强学生的自信，降低学生的焦虑不安。

二、高校英语口语教学的目标与特点

（一）高校英语口语教学的目标

高校英语口语教学的目标分为三个等级，即基础目标、提高目标和发展目标。

1.基础目标

基础目标是针对大多数高校非英语专业学生的英语学习的基本需求确定的。具体包括：能就日常话题用英语进行简短但多次的交谈；能对一般性事件和物体进行简单的叙述或描述；经准备后能就所熟悉的话题进行简短发言；能就学习或与未来工作相关的主题进行简单的讨论。语言表达结构比较清楚，语音、语调、语法等基本符合交际规范。能运用基本的对话技巧。

2.提高目标

提高目标是针对入学时英语基础较好、英语需求较高的学生确定的。具体包括：能用英语就一般性话题进行比较流利的对话；能较好地表达个人意见、情感、观点等；能陈述事实、理由和描述事件或物品等；能就熟悉的观点、概念、理论等进行阐述、解释、比较、总结等。语言组织结构清晰，语音、语调基本正确。能较好地运用口头表达与交流技巧。

3.发展目标

发展目标是根据学校人才培养计划的特殊需要以及部分学有余力学生的多元需求确定的。具体包括：能用英语较为流利、准确地就通用领域或专业领域里一些常见话题进行对话或讨论；能用简练的语言概括篇幅较长、有一定语言难度的文本或讲话；能在国际会议和专业交流中宣读论文并参加讨论；能参与商务谈判、产品宣传等活动。能恰当地运用口语表达和交流技巧。

（二）高校英语口语教学的特点

1.口语教学内容的特点

英语口语教学的内容是广泛的，它不仅包括在口语课上教授学生如何说，还要从教学内容、教学安排等方面保证学生在课下有大量的口语实践机会。因此，教学内容的广泛、可延展性是英语口语教学的一大特点。教师可以有计划地组织安排各种训练活动，把训练学生听、说、读、写、译等各项能力有机地结合起来，根据不同阶段，不同的练习目的和主题采取诸如朗诵、辩论、演戏、配音、口头作文等多种形式，把握适当的难度，巩固学生的基本功，使教学内容成为一个弹性、知识性与趣味性并重的系统。

另外，高校英语口语教学是工具性和人文性的统一体，也是拓展知识、了解世界文化的素质教育过程。因此，设计高校英语口语课程时应充分考虑学生的文化素质和国际文化知识的传授，以及听说能力培养的要求，给予足够的学时，鼓励使用先进的信息技术，开发建设网络课程，为学生提供良好的语言听说环境与条件。根据学校的实际情况，按照教学大纲的要求与学校的教学目标和教学特色将课堂教学与第二英语课堂相结合，确保不同层次的学生在英语应用能力方面得到充分训练和提高。无论是第二英语课堂，还是主要基于课堂教学的课程，其设置都要考虑不同起点的学生，从提高学习兴趣的角度出发，激发学生的学习动机，从而使其能大胆开口说英语。

2.口语教学模式的特点

高校英语口语教学不同于一般的知识传授过程，它的教学模式需要更多地体现英语教学的实用性、知识性和趣味性，有利于调动教师和学生双方的积极性，尤其要体现学生在教学过程中的主体地位和教师在教学过程中的辅导作用。教师可以根据不同活动内容的需要，灵活多样地选择最恰当的教具和最直观有效的教学手段，激发学生的学习兴趣，提高他们学习的积极性和主动性。根据学校的条件和学生的口语水平，还可以充分利用网络环境，直接在网上进行听说教学和训练。网络教学系统能随时了解、检测、记录学生的学习情况以及教师的教学与辅导情况，充分体现英语教学的互动性。与其他教学模式相比较，口语教学的教学手段和教学方法的选择是否成功，极大地影响着口语教学活动中学生互动性的实现程度，进而影响英语教学效果的好坏。

3.口语教学评估的特点

教学评估是英语口语教学的一个重要环节。全面、客观、科学、准确的评估体系对于实现教学目标至关重要。它既是教师获取教学反馈信息、改进教学管理、保证教学质量的重要依据，又是学生调整学习策略、改进学习方法、提高学习效率和取得良好学习效果的有效手段。对学生学习的评估可分为两种：一种是形成性评估；另一种是总结性评估。无论采用哪种形式，高校英语口语教学的评估都是考核学生实际使用英语进行交际的能力。其中，学生口语表达的准确性和流利度是衡量口语教学效果的重要指标之一。高校英语口语教学的主要内容是语音教学，自然规范的语音、语调将为有效而流利的口语交际奠定良好的基础。英语口语教学是通过对学生语音、语调、语速的准确性和流利度来进行的。

4.口语教学管理的特点

高校英语口语教学的管理贯穿英语口语教学的全过程，要确保英语口语教学实现既定的教学目标，必须加强教学过程的指导、监督和检查。因此，高校英语口语教学的管理要做到以下几方面：

第一，必须有完善的教学文件和管理系统。教学文件包括：学校的英语教学大纲和口语教学的教学目标、课程设计、教学安排、教学内容、教学进度、考核方式等。管理系统包括：学生口语成绩和学习记录、口语考试分析总结、口语教师授课基本要求，以及教研活动记录等。

第二，口语教学推行小班课，每班不超过 30 人，若班级人数过多，可将大班分成约 30 人的小班，分开上口语课。

第三，有健全的教学管理和培训制度。英语教师的高超的口语水平是提高口语教学质量的关键，学校应建设年龄、学历和职称结构合理的师资队伍，加强对教师的培训工作，鼓励教师围绕教学质量的提高积极开展教学研究，开展多种形式的教研活动，除了课堂教学，对第二课堂指导的课时应计入教师的教学工作量。

三、信息化时代高校英语口语教学策略

（一）高校英语口语教学的一般策略

高校英语课主要目的是通过大量的语言实践和有意义的语言运用，帮助学生提高语言技能和实际运用英语的能力。英语课应倡导学生主动参与课堂教学活动，以口语训练为主，勤于动口，积极与他人合作、交流，从而激发学生学习英语的兴趣。

1.提高教师教学水平

首先，在教师的考核内容中，加大对英语教师口语水平的考核力度，制定

明确的奖惩措施。在整个考核体系中，完善对英语教师口语水平的奖惩措施。其次，创造机会并推进英语教师出国学习、交流和深造。这种机会需要学校整合各方面资源，积极开拓，重在实施。然后，积极鼓励英语教师深造、进修等。当今互联网不仅为英语教师和学生提供了海量学习资料，还提供了大量的英语学习软件，教师在业余时间，也可以进行跟读或对话，提高自己的口语能力。同时，学校可以适当引进外教，充实英语教师团队，增强师资队伍整体水平。外教的到来也会激发英语教师的积极性，起到积极的引导作用。

2.纠正学生的英语发音

在高校英语的第一堂课，向学生阐明正确发音的重要性，即标准的发音是一个人英语口语素质的基本体现，并且督促学生积极纠正，在课下，学生之间也要互相帮助、互相监督。同时教师也应该帮助学生总结一些极其容易出错的发音，在课堂上有针对性地指出，让学生对这些发音引起足够的注意和重视。教师可以安排学生在课下做一些他们感兴趣的原声材料进行模仿练习，并要求他们在课堂上进行展示，例如电影对白、演说词、诗歌朗诵、英文歌曲等。学生通过模仿不仅可以纠正每个单词的发音，也可以有意识地去学习纯正的英语语调及地道的表达方法，从而增加对英语的语感。

3.培养学生自主学习意识

口语课成功与否在很大程度上取决于教师与学生是否明确他们各自在口语课上的作用。现代英语教学法专家认为，教师不应是课堂的中心，真正的中心是学生。建构主义学习理论认为，学生是信息加工的主体，是意义的主动构建者。在英语口语教学中，学生是主体，教师要相信学生，培养他们的自主意识，并调动学生参与课堂教学的积极性，有效地改变教师沉闷、单调的教学模式，形成以学生为主体的课堂教学氛围。具体到英语课堂上就是学生中心地位的确立，著名语言学家大卫·纽南认为，当今世界外语教学的总体趋势是以交际法为功能、学生为中心、任务性学习为载体。

4. 培养学生用英语思维的能力

（1）鼓励学生掌握尽可能多的词组

在高校英语教学中，单词的学习，不能占用太多的课堂时间，而应该成为学生自主学习的一项主要内容。在传统教学中比较重视对单词的掌握，并搭配一定的例句，但在实际生活中，词组才是人与人交流的最小单位。因此，学生应以词组为单位，尽可能多地掌握它。教师为了引导学生可以在课堂上适当地加入词组接龙竞赛之类的游戏，要求学生按顺序将自己所掌握的词组写到黑板上，这种方法一方面可以活跃课堂气氛；另一方面也可以提高学生记忆词组的积极性。

（2）地道英语、固定表达法的学习

有些地道的英语表达法可以猜出它们的意思，却很难在说的时候想到这些固定的说法。所以，教师应该引导学生多看一些纯正的英语阅读材料，地道的英语影片，并有意识地积累英语优秀句子，如用一个小本子把平时看到的优秀句子记下来，在空闲时间，把它拿出来翻一翻、读一读，从而帮助自己记忆。久而久之，在很多情境下，学生就可以按照英语的模式来表达自己的意思了。

（3）背诵文章讲故事，培养语感

学生通过背诵短小精悍的文章，可以缓解畏难情绪，激发他们的兴趣，更重要的是可以培养他们的语感。在"跟读—朗读—背诵"这三部曲的练习中，学生极大地提高了他们的断句能力和理解能力。其实，无论是什么材料，只要是地道的英文，难度符合学生的水平，内容是学生感兴趣的，并坚持背诵，就能提高学生的语感。例如，教师可以在每节口语课上安排一个学生讲故事的环节，要求学生把课下收集的或者自己感兴趣的故事、笑话在课上讲给大家听，其实只要是学生感兴趣的，他们就能在课堂上踊跃表现。

（4）注重口语教学中的输入和输出活动

口语教学的特殊性也表现在语言的输入与输出的关系上。输入与输出是构成口语交际能力的重要部分。英语交际能力包括准确接收信息和发出信息的能力，也就是输入与输出的能力。只有经过一定的语言材料的输入才可能有输出。

一般而言，学生很少有机会与来自以英语为母语的国家的人士进行交谈，因此他们缺乏真实自然的语言环境。教师作为课堂教学的组织者，既要注重给学生创造英语的环境，尽可能多地用英语组织教学，扩大学生间、师生间的英语交流，更要把课堂里所要掌握的知识与口头表达有机地融合在一起，给学生营造一个听说英语的氛围。这就需要教师在教学中培养学生"听"和"说"的能力，帮助他们养成听说结合的习惯。高校英语朗读磁带、听力训练磁带和录像带为学生提供了很多素材，有助于扩大他们的思维空间，提高他们对课文主题的兴趣，同时也增加了语言的输入。

第一，先听题，后听课文，回答问题法。这一步让学生进行听力综合训练，培养语感，引导学生从整体上感知课文，提高他们在听的过程中获取和处理信息的能力。

第二，看录像，再听课文，了解课文大意法。这一步要求学生抓住关键词；听大意和主题；确定事物的发展顺序或逻辑关系；预测下文内容；理解说话人的态度；评价所听内容；判断语段的深层含义，使学生进一步了解课文内容。

学生的口语输入主要通过教师上课，听英语磁带，看录像、电视等方式获得，其中教师在课堂上的作用非常重要。

（5）强化交际性训练，提高口语交际策略

交际能力包括四个方面：一是语言能力，指正确理解和表达话语与句子意义所需的语音、词法、句法、词汇等语言知识系统；二是社会语言能力，指语言使用的规则，即在人际交往中正确理解和使用话语的能力；三是语篇能力，指在超句子水平面上理解和组织各种句子构成语篇的能力；四是语言策略能力，指说话者在遇到交际困难时运用的一套系统的技巧，用于补救在交际中因缺乏应有的能力而导致的交际中断。从以上分析中不难看出，语言能力只是交际能力的一个组成部分，缺乏语用能力，即社会语言能力、语篇能力和语言策略能力，交际能力只是纸上谈兵。因此，高校英语口语教学应注重在交际训练中培养语用能力，提高口语交际策略。

第一，创造语言环境，创设以学生为中心的课堂交际场景。教师应联系社会生活，设计真实的任务情景，将语言知识的学习融入语言使用的活动中，使语言能力和语用能力的发展紧密结合。另外，策略能力也是交际能力不可忽视的一部分。当学生语言知识和语言能力有限，不足以充分和合适地表达自己的思想时，可利用转述、借用、手势与回避等策略保持交际渠道畅通。

第二，发挥教师的指导作用，调控与激励学生的学习动机。动机策略包括激发和调动学生的外部动机和内部动机。外部动机指学习活动的表现与活动结果之间的联系，如出色的表现所带来的知识积累及其在今后学习中的价值；内部动机指学生在活动中花费努力而获得的自我愉悦和成就感。因而教师应充分调控与激励学生的学习动机，为他们提供必要的资源和帮助。

第三，充分利用多媒体辅助教学，感受纯正的现场语言交际情景。多媒体信息量大、速度快，可帮助教师传递大量信息，给学生提供多种形式的训练方法及更多的语言实践机会，有利于提高学生的语言应用能力。同时，它具有语言、画面、音响三结合的特点，把学生带进真实的社会语言交际场所，使其受到强烈的视觉、听觉冲击，效果得以优化。

（二）信息化高校英语口语教学的创新策略

1.加强学生对英美文化底蕴的习得

语言是一种交流工具，也是文化、历史、风土人情的传递使者。多了解和学习交际对象所在地区的人文背景，有利于减少交际中的误会和麻烦。为了增加学生对英美文化的了解，英语教师在课堂上的指引作用必不可少。英语教师可以利用信息化环境的优势，进行各方面知识的补充和更新，善用总结和提炼，启迪学生在不同情境下进行判别并找出应对策略。高校英语教师在开展新话题时，应有意识地介绍清楚该话题的背景、中外差异、注意事项等。通过重复性的思维与学习方式训练，让学生能够清楚话题的来龙去脉，进行无障碍沟通。

2.优化课程设置安排

高校英语口语教学需有自己的特点，基于互联网，突出其应用性、可操作性和实用性。利用互联网不断更新观念，以英语口语的实际要求作为课程调整的方向和重点，优化课程设置，可以将高校英语口语教学内容分为听、说、读、写四个板块，进行同步训练。

3.巧妙运用教育心理学引导学生

教师在高校英语口语教学活动中，可以对学生细微的进步进行表扬与鼓励，同时对学生兴趣的培养也离不开教师的细心选材、耐心讲授。通过网络上各种学习资料，鼓励学生尝试着说一说他们感兴趣的英语话题。这些需要教师进行大量的背景知识的储备，而互联网可以帮助教师扩充知识面。在开展丰富的教学活动时，教师可以从网络资源中筛选出最有趣的、最新的话题，营造轻松、愉悦的课堂氛围，组织全班同学进行合理分组讨论、分组提问、角色转换与扮演等活动，以提高学生的英语口语能力。

4.高校英语教材应跟上时代潮流

互联网的高速发展带动了整个社会的变革。在教育活动中，教材是文化与知识的真实载体，为了能够取得良好的高校英语口语教学效果，英语口语教材的编辑需要在快速变化中跟上节奏。第一，在教材编写过程中要注意实用性、趣味性，避免难度过高、晦涩难懂；第二，在内容选材上，要形象鲜明、生动，紧密联系现实学习生活，更倾向于选择具有相关实践性的语境和话题；第三，教材的设置要有层次性，既有助于培养各种专业背景学生的口语表达能力，又能让学生进行长期的学习；第四，教材结构应灵活充实。教材的组织可以分基础篇、拓展篇与选学篇，这种组织形式能够满足各种层次水平学生的学习要求，通过这种编排形式的教材，所有学生均能有所收获。

第三节 信息化时代高校英语阅读教学

一、高校英语阅读教学的理论认知

很多中外学者从不同角度研究或提出了行之有效的阅读理论，如外语界比较熟悉且具有影响力的理论有：图式阅读理论、阅读模式理论、语篇分析理论、词汇衔接理论和合作学习理论等。

（一）图式阅读理论

1.图式理论与图式阅读理论

图式概念最早是由德国哲学家康德在其著作《纯粹理性批判》一书中提出来的，他从哲学层面上分析认为，图式是连接人们大脑中纯概念与感知对象的纽带。后来德国心理学家巴特利特和美国人工智能专家鲁梅尔哈特对图式理论逐步完善，形成了现代图式理论。现代图式理论的基本观点认为，图式是认识的基础，人们处理外界的任何信息都需要调用大脑中的图式，依据图式来解释、预测、组织、吸收外界的信息。图式理论强调人们在理解新事物时，需要调动新事物与已知的概念、过去的经历和背景知识，将头脑中已存的与新事物相关联的图式联系起来，否则无法理解输入的新信息。

20世纪80年代，心理学家将图式理论运用到外语教学中，用它来解释阅读理解的心理过程，从而形成了图式阅读理论。图式阅读理论认为，阅读过程是读者头脑中已有的图式与文本信息双向互动的过程，而阅读理解是文本信息与读者头脑中已有的图式双向互动的结果。阅读理解的双向过程包括两方面的信息加工过程，即"自下而上"和"自上而下"的过程。自下而上指对文本中字、词、句、段落和篇章由小到大的理解过程；自上而下指读者根据头脑中的已有图式，如文化背景知识、文章主题内容、语篇结构等，对文本信息进行自上而下的预测、验证、修正。高效的阅读理解是在这两个过程的交互作用中实现的。

2.图式阅读理论的类型

图式阅读理论分为三种类型：语言图式、内容图式和形式图式。

第一，语言图式是指读者所掌握的语言文字知识，它包括该语言的语音、词汇和语法方面的知识。如果不具备这方面的语言图式，就无法对输入的文章文字信息进行解码来获取文字的意义。因此，读者要想理解文章，首先必须掌握与文章相关的语言图式，语言图式掌握的熟练程度决定了对阅读的理解程度。

第二，内容图式是指阅读者对所读文章涉及的主题内容、题材或文化背景知识的了解。任何阅读材料都表达了一定的内容思想，并建立在一定的文化背景基础上。在实践中常发现这样一种现象，如果阅读者对阅读材料的主题内容和背景知识比较熟悉，即使在一些文字不熟悉的情况下，阅读者也能比较容易，并且准确地理解文章。这主要是阅读者具备了相关的内容图式。读者对于文章内容越熟悉，理解内容就越容易。

第三，形式图式是指读者对文章的体裁和篇章结构方面应该掌握的知识。文章内容的表述都是按一定顺序和结构形式排列语言的。不同体裁的文章具有不同的结构特点和语篇风格，如叙事类、描写类、说明类和辩论类的文章都体现出不同的体裁风格和结构形式。掌握了相关知识，就很容易把握文章的内在逻辑关系，理解作者要表达的思想。

在高效的阅读过程中，三种类型的图式运用相辅相成，缺一不可。其中，语言图式是内容图式和形式图式的基础，负责对语言文字进行解码和整合，并提取意义。语言图式对于理解文本的作用属于自下而上的心理加工过程。因此，阅读者首先应具备识别文章字、词、句的语言图式能力，只有在跨越语言障碍的基础上，才能激活和调用更高层级的内容图式和形式图式的资源，才能实现对文章的理解。语言图式在阅读理解过程中具有显著的地位，但仅具有这种图式并不能准确地理解文章内容，还必须激活相关的内容图式，掌握形式图式。

即三种图式必须形成一个层级结构,相互影响,单一的图式能力不能达到有效的阅读效果,有效的阅读必须是三种图式合力的结果。

(二)阅读模式理论

1.自下而上阅读模式

自下而上阅读模式指的是从词语、词组到单一句子,到英语文章整体分层次、分步骤进行阅读理解,注重的是让阅读者从最低级的单词开始理解,最终理解整篇文章所表达的内容和主题。该模式能够加深在阅读过程中对文章中出现的一些语法现象等的理解,但是并不能很好地完成阅读者本身与文章之间的互动交流,该模式把阅读过程视为阅读者仅凭文章中分解的因素,比如词汇、句式等单向理解文章所传递信息的过程,而忽视了阅读者在阅读过程中的主动地位和积极作用。

2.自上而下阅读模式

自上而下阅读模式认为,阅读者在阅读英语文章的过程中不应该处于被动接收信息的地位,而应该积极运用自己所掌握的英语语言知识,根据从文章中得出的语言线索,对文章所表达的内容和主题进行一系列的思考、加工、推测和判断等思维活动,它所强调的是阅读者所掌握的较高层的背景知识对阅读起到的积极作用,突出了阅读者在阅读过程中的主体地位,但是片面地强调阅读者主动,反而忽视了同样重要的基础语言知识。

3.交叉作用阅读模式

交叉作用阅读模式的提出和应用实际上是对前两种模式的有效结合,该模式认为,在阅读理解的过程中,阅读者不仅仅要根据文章中的文字、单词进行理解和掌握,还应该充分利用自身已掌握的高层的背景知识对文章进行阅读。它强调了阅读者与文章之间的关系应该是双向的,即阅读者本身所掌握的知识与文章中的组成因素,如词汇、句式、语法等是可以相互作用、相互影响的。相比前两种模式,这种阅读模式的优点在于对阅读过程复杂性的解释更为全面,在阅读教学中既强调了学生思维能力的作用,又强调了基础知识的重要性,与目前我国提出的高校英语阅读教学理论研究学大纲要求相适应，因此被教育工作者普遍认可和广泛运用。

（三）语篇分析理论

认知心理学认为，语篇知识与阅读能力具有密切的相关性。学生对阅读材料中篇章结构的认知和理解能力与他们的阅读和写作总体水平呈正相关。这就要求教学过程不能使学生只停留在词句的水平上学习语言，而是应在语篇水平上，从表达完整确切意义和思想内容的语段篇章的层次结构入手，分析句子之间、段落篇章之间的衔接和相关意义及逻辑思维的连贯，帮助学生最大程度地获取和掌握文章所传递的信息，进而获得理解语篇作者的观点、态度、思想感情的能力，同时逐步培养学生恰当地使用语言的能力。

英语教师运用语篇分析理论进行教学的重点是要进行宏观分析，使学生初步了解课文的形式和内容，为以后深入理解课文奠定基础。文化背景知识是课文的宏观语境，对语言外的关系意义起着联结作用，对正确理解课文有很强的指导作用。因此，背景知识是读者理解特定语篇所必需的外部世界知识，它包括文章的创作背景、作者背景、文化背景等，涉及文章的写作年代和社会背景，作者的生平经历和写作风格，以及其他与文章内容相关的知识。文化背景知识的引入方式具有多种多样的特点。教师可以根据具体情况对背景知识有侧重点地介绍，或者让学生通过参考书籍或互联网查找相关的文化背景知识，然后教师负责帮助他们充分激活这些知识，使他们有意识地运用这些知识进行阅读活动。

语篇理论认为，文章均有其特定的结构，尤其是议论文和说明文，基本上由主题段、描写或解说段和结论段构成。正确掌握语篇结构的知识可以帮助阅读者准确、快速地获取信息。所以，在教学中首先要考虑的问题是文章的框架结构，这样就可以从宏观上把握文章的脉络，解决类似"每个词都认识就是看不懂意思"的问题。语篇结构分析就是要将文章的语言特点、结构特征、主题表达等有机地结合起来，使学生能达到对文章内容的真正理解，包括作者意图和观点。

（四）词汇衔接理论

词汇衔接是语篇衔接中最突出、最重要的手段之一，它是指通过词汇选择，在篇章中建立一个贯穿篇章的链条，从而建立篇章的连续性，也就是说，词汇衔接是将一些话语与另外一些话语连接起来的手段和词汇关系。词汇衔接是语篇的有形网络，体现在语篇的表层结构上，不仅对语篇连贯起着重要作用，还能从各个层面上反映作者或说话者的交际意图，突出语篇主题。因而对词汇衔接的研究可以帮助学生深化对语篇的分析和理解，提高英语阅读教学效果。

1.加强词汇衔接理论的系统讲授

在阅读教学中，教师在将词汇衔接知识系统传授给学生的同时，要鼓励学生经常应用这些知识以促进阅读能力的提高，课文精讲是高校英语阅读教学中的一个重要环节，教师在教学过程中应该以语篇为起点讲解课文，通过分析课文中的衔接手段让学生理解作者的写作思路从而加深对课文的理解。

2.注意词汇衔接

教师在讲解课文时要时刻提醒学生注意词与词之间的关系，分析课文中的词汇衔接方式及其功能，引导学生抓住关键词，从而提高学生对文章理解的程度，教师要有意识地引导学生把词汇衔接与略读、快读的训练结合起来，在略读一篇文章时运用词汇衔接知识可以使学生预测文章的发展方向，通过找到文章的关键词、主题句来帮助学生理解文章，在快速阅读中，与问题联系最多的句子中往往含有一定的词汇重复，如同义词、反义词、上下义词等。教师可以利用词汇衔接对学生进行查找特定信息的训练，从而降低答案搜索的盲目性，提高答题的速度和准确性。另外，教师应在指导学生借助词汇衔接分析语篇的同时，引导学生运用词汇衔接手段进行英语写作训练，从而使阅读和写作起到相辅相成的作用。

（五）合作学习理论

合作学习理论的基本内涵为：第一，形成和改变学生的学习态度，增进其合作学习技能；第二，创立紧密结合与整合学习为一体的学习方式；第三，发展批判性思维，提高推理和解决问题的能力。

1.提倡分组教学

提倡分组教学并不是将整个阅读课教学变成自始至终的分组活动。分组教学与班级授课相结合才是应该推崇的阅读课教学模式。班级授课在知识点传授方面有容量大、省时省力等优势。在合作学习的教学活动中，教师的讲授是必不可少的组成部分。合理的分组对提高合作学习的效率有重要意义。因此教师在运用分组教学理论进行教学时要精心地组织学生进行小组活动，并让学生在小组内持续发言。

2.两人小组合作学习

将学生分成两人一组来完成大多数的学习任务，包括阅读和写作。当阅读水平较差的学生与同龄人结成学习小组时，他们将获得更大的帮助。许多阅读能力较差的学生认为他们最喜欢的教师是学生。两人小组合作学习不仅对学生提高阅读能力非常有效，而且较为实用。

3.四人至六人小组合作学习

四人至六人小组合作学习，适用于较为复杂的分析性、探索性的阅读思考问题。这种合作学习方式有以下两方面优势：首先，小组成员互助合作、互相启发，形成智力互补，共同寻求解决问题的多种方案；其次，小组成员的合作讨论大大提高了学生的阅读兴趣及分析归纳、推理验证等逻辑思维能力，小组成员相互合作大大增加了学生的实践机会。

二、高校英语阅读教学的目标与特点

（一）高校英语阅读教学的目标

高校英语阅读教学目标分为三个等级，即基础目标、提高目标和发展目标。

1.基础目标

基础目标是针对大多数非英语专业学生的英语学习基本需求确定的。具体包括能基本读懂题材、熟悉语言难度中等的英语报刊文章和其他英语材料；能借助词典阅读英语教材和与未来工作、生活相关的应用文和简单的专业资料，掌握中心大意，理解主要事实和有关细节；能根据阅读目的的不同和阅读材料的难度，适当调整阅读速度和方法；能运用基本的阅读技巧。

2.提高目标

提高目标是针对入学时英语基础较好、英语需求较高的学生确定的。具体包括：能基本读懂公开发表在英语报刊上一般性题材的文章；能阅读与所学专业相关的综述性文献，或与未来工作相关的说明书、操作手册等材料，理解中心大意、关键信息、文章的篇章结构和隐含意义等；能较好地运用快速阅读技巧阅读篇幅较长、难度中等的材料；能较好地运用常用的阅读策略。

3.发展目标

发展目标是根据学校人才培养计划的特殊需要以及部分学有余力学生的多元需求确定的。具体包括：能读懂有一定难度的文章，理解主旨大意及细节；能比较顺利地阅读公开发表在英语报刊上的文章，以及与所学专业相关的英语文献和资料，较好地理解其中的逻辑结构和隐含意义等；能对不同阅读材料的内容进行综合分析，形成自己的理解和认识；能恰当地运用阅读技巧。

（二）高校英语阅读教学的特点

高校英语阅读教学是较少受到质疑的语言技能之一，不仅对于其重要性，而且对于其教学效果方面都是如此。

1.高校英语阅读内容的特点

从对高校英语教材的把握上看,教材中几乎包括了各种文体,具有多样性和现代性。其多样性表现为:一是文章涉及多个领域,如语言、文学、政治、经济、科技等;二是体裁有说明文、记叙文、议论文;三是语域的多样性,所选文章既有书面体文章,也有语体口语化乃至俚语化的文章。因此可以说,高校英语阅读教学的内容具有篇幅长、生词多、句法多样化、思想深等特点。

2.高校英语阅读方式的特点

高校英语阅读一般分为精读、泛读和略读。

(1)精读:学生应仔细阅读全部语言材料,并获得对整篇文章深刻而全面的理解。在精读课文时,学生对每篇课文后的词汇、语法、句型及注释都应仔细领会。

(2)泛读:也可称为普通阅读,要读懂全文,对全文的主旨大意、主要思想和次要信息及作者的观点有明确的了解。对全文只做简单的推理、归纳和总结,无须研究细节问题和探讨语法问题。但要求阅读速度高于精读速度的一倍。

(3)略读:一种浏览性的阅读,指学生以其能力能达到的最快速度浏览阅读材料。略读不需通读全文,只需要跳跃式地读主要部分,主要部分一般指第一段、最后一段及中间衔接段,因为第一段一般为全文概述,最后一段为归纳总结,中间衔接段一般为上下文关系段落或者有递进关系、转折关系、因果关系等。目的是获取全文的中心思想和主要内容。一般而言,略读的速度应快于泛读速度的一倍。

三、信息化时代高校英语阅读教学策略

（一）高校英语阅读教学的一般策略

1.语篇教学法

在传统的语法翻译理论的指导下，英语阅读常常重知识点的分析而轻语篇的整体理解。语篇分析理论主张把文章看作整体，从文章的层次结构着手，引导学生注重句子与句子之间的衔接、段落与段落之间的过渡，使学生在语篇基础上掌握全文，从而提高他们的理解能力。在高校英语阅读教学实践中，运用语篇教学法进行教学的主要环节如下：

第一，围绕文章标题，预测文章内容。文章标题是文章内容的总概括，通过对文章标题的分析，可以有效地预测阅读材料的语篇类型及题材。在此过程中，教师可以围绕标题提出一些启发性的问题，这不仅有利于预测文章内容，还为下一步导入文化背景做好了铺垫。

第二，导入背景知识，进行体裁和语篇分析。体裁是文体分析的三个层面之一。体裁分析是语篇分析的一个方面。要让学生学会比较不同的体裁所达到的不同交际效果，就必须在教学中及时导入相应的文化背景知识，只有让学生充分了解不同文体的特点，认识不同文体的结构，才能有效培养学生运用正确的阅读方法来进行阅读的能力，从而提高阅读效果。例如，在记叙文阅读时要抓住三个要素：人物、背景（时间、地点），以及事件的发生、进程及结果。记叙文常通过时间的先后和地点、空间的转移来描述事情的发展过程。议论文要抓住论点、论据和论证等要素。说明文需要注意主题句及辅助句。说明文的主题句的辅助部分常用举例的结构形式。与此同时，读者一定要明确语篇的整体形式。例如，文章如何开篇，如何结尾，段落如何发展、如何照应，主要观点如何贯穿全文，中心思想如何表达，等等。

第三，抓住主题句，把握语篇中句子和段落的中心，进行推理。在此过程中，教师可以把《新编英语语法教程》（以下简称《语法教程》）中关于"篇章

纽带"的知识以及有关语篇衔接与连贯的知识介绍给学生。例如，用表示时间顺序、地理方位、因果关系等逻辑概念的"过渡词语"以达到文章的连贯性和黏着性；或运用"语法纽带"即通过使用省略、替代、照应等句法手段达到承上启下的效果。从英汉语篇模式及其主题提出的位置来看，英语本族语者重直线型思维。在英语语篇中，英语本族语者倾向于在文章的前一部分（文章的前三分之一段落）提出主题思想。具体到段落中，每段常以一个点明中心思想的主题句开始，接着一层层展开主题，进行论述。

第四，把握全文中心思想。语篇是由段落组成的，每段的主题句基本概括了段落大意，读者通常可以根据主题句推测出语篇的大致内容。换句话说，综合几个主题句就可以概括出全文的中心思想。只要把握住全文的中心思想就能更快、更好地理解文章。

2.重视词汇量和阅读量

词汇量和阅读量是阅读理解的基础，往往预示着阅读能力的高低。教师要督促学生加大词汇量和阅读量，鼓励他们多读、多写、多记，同时传授给学生一些词汇记忆方法，如文章中记忆法、造句记忆法、联想记忆法、构词记忆法等。此外还有必要系统讲授一些词汇学习理解方法，如利用词缀猜测生词的含义；利用上下文来推测词义；利用近义词、反义词、同类词来比较词义；通过加大阅读量来巩固词汇等。同时注意一词多义，引导学生掌握词汇的派生、合成和转化等构词法知识，建立起便于记忆和应用的新图式，扩大学生的词汇量。

初次读一篇文章时，必将会遇到一些生词，因此需教会学生从上下文中猜出这些生词的意思。首先，通过定义或重新陈述理解词的意思。作者有时为了使读者比较容易地理解某个词，常常在句子中标注出该词的定义，或再用一个句子进行解释。其次，通过一些简单的知识理解词的意思。读者通常应用一些简单的知识或自己的经验就可以猜出词的意思。再次，通过相关信息理解词的意思。将上下文中有关的信息放在一起，读者可以猜出词的意思。最后，通过举例理解词的意思。

3.传授快速阅读的教学技巧

（1）跨越生词障碍

影响阅读速度的最大障碍莫过于生词，跨越生词障碍可以通过猜测词义来解决。猜测词义的方法有很多，比如根据语境、定义标记词、重复标记词、列举标记词，以及同位语、同义词、反义词或常识等。但这些方法都离不开两大要素，首先是阅读者本身的文化修养，即语言、文化素质；其次是通过全局识破个体的能力。这就要求读者要不断扩大自己的知识面，懂得社会、天文、地理、财经、文体等科普性知识。

除了上述方法，还可以根据构词法猜测词义。例如，large-enlarge（扩大，en-表示"使"），tell-foretell（预告，fore-表示"前"）等。在高校英语阅读教学中，教师需经常提醒学生，一定要重视利用词缀来扩充词汇量和通过理解词缀的意义来判断生词的确切含义，从而达到提高阅读速度的目的。

（2）克服不良阅读习惯

首先，要避免以单词为注视点，而要按意群进行阅读，这样才符合眼睛与大脑的协调。成组视读是一种科学的阅读方法。它首先要求把所读的句子尽可能分成意义较完整的组群，目光要尽可能少地停顿。成组视读的关键在于它既不是默读（心读）也不是朗读，而是通过目光在外语与大脑之间建立直接的联系，即外语思维。其次，避免出声阅读和心读。出声阅读实际上是喃喃自语地把每个词读出来。心读实际上还是一种声读形式，只是没有声音，也看不到嘴唇的蠕动，但在内心想象各个单词的发音，存在着一种内心说话的形式。然后，要认识到阅读是一种视觉过程，是靠眼球自左向右的转动和大脑的协调来获取信息的。有人阅读时总是逐词地读，且常伴有一些习惯动作，如用手指、摆头等，这些都是速读的障碍。读的时候要少眨眼、不摆头，只要眼球来回转动就可以了。

（3）利用略读与查阅来提高阅读速度

略读，即指读者以最快的速度粗略地阅读文章，以了解其内容大意；而查阅，即指以最快的速度从一篇文章中获取读者所需的材料或信息，包括查找人名、地名、事件发生的时间或地点等。快速浏览文章的前面几段，以便对文章的内容、背景、写作的风格以及作者的观点等有所了解，而对后面的一些段落可以只读每段的主题句。主题句一般位于句首或句末，也有少数插入段中。

（4）浏览所提问题并根据问题阅读文章

作者根据自己的意图和思维模式，通过一定的语言手段，把分散的、细节的、具体的材料组织在一起，在训练或测试中，命题者往往采用多种方式进行提问，有直接的和间接的，但不管怎样，命题范围和思想基本与作者一致。阅读者先要搞清楚问题的要求，带着问题和所需的信息去查询，以提高阅读速度。

4.注重文化知识的介绍

文化知识即一些文化背景，包括民族文化、风俗习惯、人物传记、社会经历、政治背景等。文化背景的积累方法有以下几种：依靠教师在阅读前进行讲授；靠大量中、英文阅读积累，多读有关国家文化背景、风土人情的读物；查阅有关工具书参考了解有关背景知识；积极主动进行课外阅读。阅读的文章应体裁多样，可以包括记叙文、说明文、议论文等。

语言是文化的载体和组成部分，也是文化的写照和表现形式，其产生、发展和变化过程受文化的制约和影响，因而任何语言都带有所属文化系统的特征，包含着深刻的人文属性，体现着其民族的世界观和价值观。

二语习得研究发现，一种语言的习得和使用，不仅仅是语言结构本身的学习和使用，更离不开对这门语言所表现的文化内涵的了解，离不开对形成和使用这门语言的文化背景和底蕴的了解。在阅读过程中，文化背景知识的欠缺、文化意识的淡薄会直接影响到英语阅读的各个层面。可以说学生对阅读理解的多少与深浅，很大程度上取决于对文章所涉及的文化背景知识掌握的多寡。在高校英语阅读课的教学中，适时而恰到好处地介绍文化背景知识，对文化差异现象进行对比分析和讲解，有助于学生更好地理解阅读材料，激发其阅读兴趣。高校英语的阅读材料涵盖了政治、历史、地理、人文、科学以及风俗民情等各方面的知识。这就要求学生不断扩大自己的知识面，在平时阅读时自觉形成收集有关以英语为母语的国家的文化信息的习惯，并将其内化为自己的英语方面的能力。在英语阅读教学过程中，对阅读材料的背景知识进行恰当介绍，不但可以激发学生的阅读兴趣，还有助于学生正确理解、把握阅读材料，提高英语阅读课堂教学的效率。另外，通过播放视频向学生介绍英美等国家的背景知识，使学生吸取其优秀的知识，提高学生的能力，开阔学生的视野。

（二）信息化高校英语阅读教学的创新策略

信息技术在高校英语中的应用，极大地改变了传统英语阅读课的教学模式，提高了英语阅读教学的效率，适应了当代高校学生学习的习惯，具有广阔的发展前景。在信息化时代，高校英语阅读课的教学模式要依托信息技术，牢牢把握信息化高校英语阅读教学的优势，构建线上英语教学模式，改革线下课堂教学模式，在此基础之上，促进线上线下高校英语阅读课教学模式的融合统一。带动教师教学理念和学生学习观念的转变，促进阅读课教学的师生、生生互动性。

1.构建线上教学模式

信息化时代的高校英语阅读课要构建线上教学模式，为学生提供便捷的在线学习，满足学生对英语阅读课程自主学习的需要。在构建线上教学模式上，主要做好以下几个方面的准备：

（1）线上教学网站

依托高校的教务系统，推出高校英语教学板块，在英语教学板块中要单独设置阅读课教学模块。教师要将英语阅读课所需的课件、文章、视频、图片，以管理员的身份上传至英语阅读课教学模块中，便于学生登录教务系统进行下载。

（2）慕课教学模式

慕课教学模式是在信息技术发展下催生出来的一种新型线上教学模式。慕课是大规模开放在线课程的意思，区别于传统的英语阅读课堂教学，慕课是面向全国乃至全世界的学习者，慕课的对象可以是高校学生，也可以是社会人员，所以一节慕课往往会受到数千人，乃至数万人的观看。高校要依托现有的慕课平台，录制本校的优质课程，放到慕课网站上，提供给高校学生在线学习。所录制的阅读课程要丰富多样，满足不同爱好的学生需要。慕课教学模式的构建，有助于符合高校学生自由灵活的学习方式，满足学生个性发展的需要。借助慕课网站的在线评价功能，教师可以与学生进行互动，接受学生的建议，同时就学生提出的问题进行在线回答。

（3）微课教学模式构建

微课是目前较为成熟的一种线上教学模式，教师根据英语阅读课程的教学目标，将重要的知识点录制成5分钟左右的短视频，然后放到高校英语学习网站上，供学生在课前浏览观看，并完成自主学习任务。微课教学模式的应用有助于与线下教学模式相结合，重点解决学生无法解决的问题，从而在提高学生自主学习能力的同时，巩固学生的语法知识与培养学生的跨语言交际能力。

2.线上线下教学模式相融合

线下教学模式主要是在课堂教学中所采用的教学方法，在课堂教学上，教师要转变思想观念，认识到学生才是课堂的主体，课堂教学活动要围绕教学目标展开，充分调动学生参与课堂活动的积极性，激发学生在英语阅读课堂上的学习欲望，使学生在教师的引导下，自主地完成阅读任务，并自行翻阅工具书，解决在阅读过程中遇到的生僻单词和语法问题，并将其积累下来，探究单词和语法知识的用法。目前翻转课堂是一种信息化时代高效的课堂教学模式，打破了传统阅读课以课堂为中心的教学模式，教师需将下节课的学习内容和阅读材料，通过互联网上传至QQ群、微信群、教务系统，便于学生根据自己的时间做安排。然后将在自主学习中遇到的问题记录下来，等到了英语阅读课堂上，学生只需根据自主学习的情况，将疑惑在课堂上提出，并与其他学生进行讨论，探究问题的解决方式和答案。翻转课堂能够充分调动学生学习的积极性，促进学生自主学习或合作学习，使学生在探究中，逻辑思维得到锻炼，同时阅读能力、分析能力均得到相应的锻炼。

在高校英语阅读课堂的教学上，依托信息化技术，要借助信息化技术所衍生出的工具，辅助阅读课堂教学工作的开展。科技服务于教育，并推动教育的发展。通过对线上线下资源的有效整合,以及选用合适的教学方法,能够切实提高学生的阅读能力、逻辑思维能力和跨文化交际能力。

第四节 信息化时代高校英语写作教学

一、高校英语写作教学的理论认知

(一)整体教学理论

"整体语言教学"始于20世纪80年代的美国,最初用于美国中小学教授本族语的语言艺术及阅读教学,它强调语言的整体性,反对把语言分解成音素、词素、词汇和语法学,强调口语和书面语之间的互动性及内在联系。之后,研究语言习得的应用语言专家对整体语言教学也做了深入的研究。整体教学中的"整体",是指在教学中把语言看作一个整体。"整体"教学就是用整体、联系的观点与方法来组织教学,其目的是让学生能够主动、有效、持久地学习,而不是教师在课堂上"填鸭式"地直接讲解,或让学生被动地重复课文中或教师讲解中已提出的信息。学生的写作技能和策略是在整体的、真实的语境中发展而来的,各种技能的培养必须渗透到整个课程计划中,这就是整体教学的实质。在高校英语写作教学中的应用主要有:整体教学、分散教学、全面综合教学。

1.整体教学

整体教学提出了整体统率局部的原则,采用从整体出发,从整体来教局部,教局部不忘整体的教学方法。教师应全面掌握大学英语写作大纲中对学生的全部要求,对毕业后学生在写作能力上达到的水平有一个整体的构想,并设计出每一年、每一学期,甚至每一节课在写作方面所要实现的目标。把握整体的过程就是语言输入的过程,目的是让学生初步理解所要学的知识内容,对所要学的知识有一个整体的认识。写作技能的培训可以贯穿英语教学的各个学科。以精读课为例,在读一篇文章,并进行讲解分析的同时,教师也要设计本节课结束后,在对学生写作能力的培养上要达到怎样的效果,这样在课文的讲解中会有意识地强调作者的写作特点和优点,使学生在潜移默化中进行点滴积累,最后达到提高学生写作能力的目的。

2.分散教学

语言的功能和形式依附内容而存在,语言教学从整体出发,教师应将写作所要求的各种技能融入平时的各个教学环节中,语言知识和技能应通过自然的语言环境加以培养,而不应人为地把语言知识和写作技能分开来独立进行培养。分散可以让学生在平时的渐进式学习和积累中掌握全部的写作技巧,在潜移默化中达到良好的效果。具体做法如下:

(1) 分散到教材

教师可利用精读、泛读课堂加强学生对词汇的感悟,特别是同义词之间的差异。例如,不宜说 Our teacher is thin(应用 slim)或 Our teacher is fat(应用 strong 或 plumpy 等)。通过这样的事例可以让学生明白词汇有抽象与具体、正式与非正式、高雅与通俗、褒扬与贬抑等区别。词汇是语言的建筑材料,写文章总离不开措辞,文章写得好坏与用词有密切关系。在写作时,学生有的共同的错误是该用具体词的地方却用了抽象词。"具体"和"抽象"是相对而言的,教师在授课时应用一些精辟的例句让学生明白在写作中词的意义越具体,越能给读者留下深刻的印象的道理,并鼓励学生掌握足够的词汇量,这样词汇量大了,才能在写作中游刃有余,随时能用上所需要的词。

(2) 分散到时事

语言与人们的生活息息相关,教师可利用当前的一些国内外时事来激发学生要用英语表达的欲望。例如,部分学生可能会用到 good、nice、happy 这类词,而且使用的频率还会很高,但教师此时给出一些类似 wonderful、fantastic、marvelous、gorgeous 的词汇时,学生就会感悟到每个不同的词的使用都会给文章带来不同层次的韵味。教师还可以适当扩展，对所学知识由表层向深层发展，引导学生对时事做出评论，从而掌握议论文的写作格式和要领。

（3）分散到媒体

多媒体计算机和网络通信技术的发展为学生学习提供了理想的认知工具，能有效地促进学生的认知发展。多媒体系统的多种感官刺激更符合人类学习认识规律，体现了学生认识主体的地位，同时还考虑到学生的个体差异，改变了传统教学模式。教师可以因势利导，通过媒体让学生了解并掌握一些计算机和网络的术语，并学会电子邮件和函购信笺等写作格式。

（4）分散到学生

整体教学体现出以学生为主导的教学思想，它改变了"教师讲学生听"的教学方式，给学生创造了良好的氛围，让学生之间展开讨论，相互学习。学生之间相互检查所写的文章，检查出漏洞，再由学生进行讲解、分析、改错，这种学生与学生之间的学习要比学生向教师学更有深远意义。

总而言之，分散是把要学习的写作能力和技巧分散到每个学期、每一单元、每一节课，把要学习的知识重点和难点分散到各个单元，精讲多练，讲练结合，使学生在每节课的点滴学习中收获写作的全部知识。

3.全面综合教学

分散讲解完每个知识点后，教师应让学生以归纳的方式及时总结重点内容，归纳写作技巧和各种写作格式，最终在学生的头脑中留下明确的知识，形成完整的印象。全面综合让学生对各个知识点的认识从模糊、凌乱，到清晰、完整，这是质的飞跃，同时也符合记忆的心理规律，这一阶段可以采用以下三种方法：课文内容的整体再现；词汇句式的综合再现；语法知识的重点再现。以课文内容再现为主导，教师可采用播放录音、复述提纲、图标归纳等手段，目的在于全面总结，使各语言点、知识点变得系统化、条理化。

4.实际运用

运用是教学的最终目标，运用也是教学过程的最终体现。写作教学应该贯穿各学科的始末，光学不练永远达不到预期的目标。教师应在授课的一定阶段，结合所讲内容和这一阶段所提示的写作技能布置相应的写作练习，让学生在实践中得以巩固。教师可以指导学生写课文摘要或进行缩写、改写，以培养其概括能力；教师给主题句和关键词，要求学生联句成篇；或让学生根据范例进行模仿写作；教师还可以根据课文内容设计一些具有概括性的话题，让学生讨论，以培养其交际能力。

（二）语言模因理论

模因论是基于达尔文进化论的观点解释文化进化规律的一种新理论。Meme（模因）一词是英国牛津大学著名动物学家道金斯在其著作 *The Selfish Gene*（《自私的基因》）一书中杜撰的，他将其定义为"文化传递的单位"。《牛津英语词典》收录该词后将它解释为"文化的基本单位，通过非遗传的方式特别是模仿而得到传递"。模因与基因很相似，基因通过遗传来繁衍，模因通过模仿进行传播，所以，模因的核心是模仿。作为文化传播单位，模因的表现形式有很多。任何能够通过模仿而复制的信息都可以称为模因。从语言角度来看，学语言的过程就是语言模因复制、传播的过程，因为语言本身就是一种模因，任何字、词、段落乃至篇章只要通过模仿得到复制和传播都可以称之为模因。

1.语言模因的创新

语言模因作为复制因子，具有保留性、变异性和选择性，即每一个模因既是对以前模因的复制与继承，又会在复制和传播的过程中产生一定的变异，在变异中获得发展。因此，任何创造性的语言使用都是在模仿的基础上进行发展的，先模仿而后创新，没有模仿和继承，就谈不上创造和创新。联系到写作，仿写是读写结合的最基本形式。通过仿写能便捷地获得写作方法，缩短学生探索直接经验的时间，加速语言从理解到运用的过渡。从模因论的角度探讨模仿写作教学，有利于掌握快捷有效的写作方法，在"模仿"的基础上进行英语写作创新。

2.语言模因论的传播方式

不管语言模因的形式和内容如何，其复制和传播方式基本上是重复与类推两种。

（1）重复—背诵

重复主要涉及对语言模因的直接套用，背诵是达到这一目的的直接手段。背诵作为传统教学模式一直被我国教育者所沿用。事实上，背诵在写作教学中发挥着重要的作用。背诵能够强化语言输入，加深学生对所学语法知识的理解，提高学生对词汇、句型的记忆效果，增强学生对语言知识的积累，从而使英语语言输出规范得体。

（2）类推—仿写

类推是模因复制与传播的另一种方式，与写作教学结合在一起主要涉及同构类推。即保持原模因整体结构框架不变，替换其中某些内容，从而出现新的模因变体或形成模因复合体的现象。在写作教学中类推其实就意味着仿写。仿写合理地运用了模因论"模仿"原则，是有效提高学生英语写作能力的训练方式。仿写常用的一种模因是表现型模因，即语言的形式嵌入不同信息内容而予以复制、传递的模因。仿写通常可以从两个层次进行训练，即词句模因和段落篇章模因。

第一，词句模因。词汇是写作的基础，因此，教师应鼓励学生通过模因模仿积累同义异词或通过上下义、反义等关系联想记忆词汇。同义异词可以有效避免行文的单调重复，从而提高文章的表达能力。另外，实用句型模因也是非常重要的仿写训练内容，它可以提高学生的句子写作水平。

第二，段落篇章模因。段落篇章模因训练是模仿已知的段落或篇章结构，根据不同语境，变动原来的语言信息或其中的成分，表达出不同的内容。例如，在理解了某个经典段落后，教师可以详细分析段落的结构、写作手法与技巧的运用，指导学生进行仿写。

3.对高校英语写作教学的启示

（1）背诵是语言模因的第一要素

背诵的目的在于充分熟悉大量目标语素材，强化语言输入，加强学生对词汇、句型的记忆和对语法知识的理解，使英语语言输出规范得体。同时，教师应帮助学生准备一些包含相应模因的材料，使他们在背诵过程中不断复制其语言要素，从而进一步组装并构成个人所需的语料。

（2）针对优秀范文进行分析和仿写

仿写指在写作过程中通过模仿其他个体的写作行为或既成的规范语句或文章进行学习性写作的训练方式，它是遵循模因论"模仿"原则来提高学生英语写作能力的有效方式。因此，教师要引导学生运用不同的表达方式来陈述自己的观点，首先要求教师分析范文的结构，向学生讲解各种写作的体裁及其语言特色，使他们了解语篇建构由语言、语境要素和写作交际目的等诸多因素构成；其次通过仿写训练，达到提高学生英语写作能力的目的。

（3）采用联想教学启发学生的多层次思维

在表现型语言模因中，可以让学生产生不同的意义联想，在复制传播过程中可能会出现变异，但意义变异仍是语言模因变异的一种重要方式。因此，引入联想启发法可以促使学生积极地思考问题，开发他们的想象力。

（4）同伴之间的互相模因

互相学习从某种意义上也是互相模因，学生作文的评改讲评就是一个非常好的学习机会。在学生第一次写作完成后，根据教师的"自我纠错"要点先自己找错，再交到小组里轮流"传阅品评"，然后交给教师，最后环节是课堂讲评。课堂讲评主要是教师找出学生作文中典型的语言错误让他们集体改正，并进行作文讲评，被讲评的文章要有目的性、针对性和代表性，要兼顾优秀、一般、较差的文章，让学生进行比较，最终修改出好的文章，优秀的作文会放到班级论坛里供学生学习模因。所有活动自始至终都有学生参与，是写作课的延续。

（三）错误分析理论

错误是语言学习过程中不可避免的现象。在语言学界，有关学习者错误的研究最先出现的是对比分析理论。该理论将目标语与本族语进行对比，认为学习者的错误是由于本族语的干扰造成的，主张有错必纠。随着认知语言学的发展，对比分析的不足越来越明显，其中最主要的问题是忽视了学习者在语言学习过程中的主观能动性和许多错误无法通过两种语言的对比来加以解释。错误分析理论改变了语言学习者对错误的传统看法，即错误是需要彻底根除的学习障碍，对第二语言的教学和研究产生了深远的影响。

1.错误分析及其意义

在教学法中，错误分析法是教学法中常用的一种方法，主要是对于学生在学习中产生的错误进行集中的总结和归纳。在高校英语写作教学中运用错误分析法，整理学生在写作中相对集中的错误点，通过对学生的学习过程的分析，找到学生在学习过程中出现语言错误的原因，从而从根本上纠正学生在学习过程中出现的偏差。通过对学生产生错误的分析，首先可以系统和全面地了解学生产生错误的原因，在教学中更好地实现有针对性的教学，提高学生的学习效果，减少学生在写作中的错误。其次通过对错误的分析，可以查找和检验教师在实际教学中出现的问题，从而改进教学方法，提高教学效果。

错误具有三方面意义：第一，教师对学生的语言错误进行系统的分析，可以知道学习者距目标有多远，还需要学习什么内容；第二，学习者的错误能向研究人员提供证据，说明语言学习的方式和采用的策略或程序；第三，错误是学习者不可避免的，出错可以看作学习的手段，用于检验关于正在学习的语言规则的假设。

2.对高校英语写作教学的启示

（1）改变了对学习者错误的看法

传统观点认为，错误是由于本族语的干扰造成的，需要尽可能地避免和去除。而错误分析理论认为，错误是语言学习中不可避免的现象，对二语学习有着积极的意义。二语习得者的错误其实是他们对目标语进行的尝试和假设，错误的改正就是假设被检验并修改。通过这种不断进行的假设检验，学习者就能逐步克服自身的不足，进而不断向目标语接近，这其实就是二语学习的过程。所以，教师应对学习者的错误有正确的认识，克服教学中的急躁情绪和焦虑心理，认识到错误不仅是语言学习中的正常现象，而且有积极的意义。因此，对待错误应采取宽容的态度，并让学生认识并改正自己的错误。教师要鼓励学生多写多练，不要因为害怕出错而总是写简单的句子，而要勇于在写作中锻炼写长句和从句的能力。

（2）区分错误，采取不同的处理方法

对学习者错误的宽容并不意味着一概忽略，因为有些错误如果没有得到及时纠正，其形式就会固定下来并以潜在的方式存在于学习者语言中，在多次纠正之后仍然会重新出现，这就是石化现象。石化现象会严重阻碍学生英语水平的进步。因此，教师要重视学生的错误，在批阅时对错误进行分析和归类。对影响句子的单个成分而不影响文章整体的错误可不必过多关注，而对影响句子整体和文章全局的错误、密集程度高且普遍发生的错误、由于缺乏对文化和英语语言特征的了解而产生的错误等要有足够的重视。

教师在纠正学生错误时可采取多种形式，为学生提供尽可能多的发现和纠正错误的机会，如自我纠错、同伴纠错、小组纠错等，鼓励学生充分开动脑筋，积极主动地纠正错误，从而加深对错误的印象，避免以后再次出现这样的错误。对密集程度高且普遍发生的错误可以采取课堂集中讲解的方式，对个别学生的错误可以课后单独向其指正。但要注意，无论采取何种方式，教师都不能挫伤学生学习英语的兴趣和伤害其自尊心。

（3）重视输出在语言学习中的作用

在语言学习过程中，听、读属于语言输入，说、写属于语言输出。在我国的英语教学中普遍存在的重输入、轻输出的模式不利于学习者的语言学习。很多学生能够读懂有一定难度的英语文章，但是写出的英语作文却有很多拼写和语法错误，这就是英语教学中轻视语言输出的后果。学习者的错误表示他们对目标语进行的假设，在错误得到改正，即假设得到检验时，学习者才能认识到他们在语言学习中的缺陷，他们语言学习的内在认知才能被激活。而只有在语言输出中，学习者才能对假设进行检验，才能认识到学习者语言与目标语的差距，这种差距的弥补会使学习者语言不断得到完善并逐步接近目标语。所以，在高校英语教学中应重视对学生英语语言输出能力特别是写作能力的培养，并重视反馈的作用。通过对学生写作中的错误进行分析、归类和纠错，使学生发现不足并予以弥补。这样，学习者语言中的各个元素就会不断重组，不断接近目标语，这就是二语习得的过程。

二、高校英语写作教学的目标与特点

（一）高校英语写作教学的目标

1.基础目标

基础目标是针对大多数非英语专业学生的英语学习基本需求确定的。具体包括：能用英语描述个人经历、观感、情感和发生的事件等；能写常见的应用文；能就一般性话题或提纲以短文的形式展开简短的讨论、解释、说明等；语言结构基本完整，中心思想明确，用词较为恰当，语意连贯；能运用基本的写作技巧。

2.提高目标

提高目标是针对入学时英语基础较好、英语需求较高的学生确定的。具体包括：能用英语就一般性的主题表达个人观点；能撰写所学专业论文的英文摘要和英语小论文；能描述各种图表；能用英语对未来所从事工作或岗位职能、业务、产品等进行简要的书面介绍；语言表达内容完整，观点明确，条理清楚，语句通顺；能较好地运用常用的书面表达与交流技巧。

3.发展目标

发展目标是根据学校人才培养计划的特殊需要以及部分学有余力学生的多元需求确定的。具体包括：能以书面英语形式比较自如地表达个人的观点；能就广泛的社会、文化主题写出有一定思想深度的说明文和议论文，就专业话题撰写简短报告或论文，思想表达清楚，内容丰富，文章结构清晰，逻辑性较强；能对从不同来源获得的信息进行归纳，写出大纲、总结或摘要，并重现其中的论述和理由；能以适当的格式和文体撰写商务信函、简讯、备忘录等；能恰当地运用写作技巧。

（二）高校英语写作教学的特点

在高校阶段的英语学习主要包括听、说、读、写四项技能的训练。其中，写作教学与其他技能的学习又有差异。主要体现在以下方面：

1.写作课是输出和检出结合的过程

学生首先要有一定的信息输入，即对体裁、内容都要有一定的了解，同时不论是在课后还是课中，学生都应有一定的阅读量，只有积累了丰富的词汇、句型和语法，才能在写作课上游刃有余。写作课可以检验学生平时的知识积累，也可以检验学生对语法的掌握和词汇的运用，等等。学生如果没有日常的积累，在写作课上就不能灵活自如地运用相关知识进行写作。

2.写作课对教师的高标准严要求

写作课是输出和检验的过程。它不仅能够检验学生的知识积累，还能够检验教师的积累和准备工作。首先，写作课教学要求教师充分准备素材，要让学生有所想、有所写，教师要启发学生思考，如针对题材的思考、针对体裁的思考，以及针对范文和遣词用句的思考等，都需要教师的启发和教导。其次，写作课要求教师具有比较广博的知识。因为写作的内容涉及多个方面，教师除了要有较高的英语水平，还要对相关内容有所了解。这样才能言之有物，不会离题万里。最后，教师课后要有耐心和责任心。学生写作的水平需要教师的指正才能有所提高，因此课后教师的任务更重。阅读每一个学生的作文，然后写出适当的评语。写作课的成功，一方面需要学生自身的努力；另一方面也离不开教师的引导。

3.写作课是循序渐进的重要过程

写作是一个复杂、循环、创造的过程，是一个不断发掘的过程。它要求写作者进行丰富的联想，发现题材并将其组织成文。要想提高写作水平并不是在短时间内能够做到的。许多学生平时能够阅读很复杂的文章，却写不出完整的句子。有些学生错误地认为临考前背几篇范文就能在写作方面得高分。要解决根本问题，切实提高自身的写作水平，还需要多阅读、多分析，反复练笔。因为写作的过程并不是简单地记录所看到或所读到的内容，而是用另一种语言表达自己的思想的过程，其中涉及遣词造句、文章架构以及段落的衔接等方面的问题。因此，写作水平的提高需要较长时间的训练，并非一两天或一两周所能促成。

三、信息化时代高校英语写作教学策略

（一）高校英语写作教学的一般策略

1.教学观念的更新和转变

众所周知，语用性语言能力分为听、说、读、写四大板块，听读属于输入能力，说写属于输出能力。而传统的教学方法更注重输入即听读能力。由此可见，在这种模式下培养出来的学生说写能力比较欠缺，因此为了改变这种现状，高校英语教师也做了很多的尝试和努力，但情况并不是让人很满意。原因可以归结为两个方面：一是非英语环境。在汉语的环境里，学生没有说英语的语境。二是传统的教学模式和理念导致输入大于输出，这一点可能是长时间的因素造成的。学生在刚开始接触英语时，教师就重视培养其输入能力，而忽视其输出能力，因此解决问题要从源头抓起。同时，教师也可以在课堂上多创造让学生说的机会，如安排一些情景剧、举行一些英文歌唱比赛等。总而言之，教师要鼓励学生先开口说英语，刚开始不必纠正学生在说英语时所犯的语法、语音错误，因为对学生而言，能够开口说英语就是一大挑战。

2.创造更加真实的语言教学环境

高校英语教师应该引进现代技术手段，变通英语教学模式。现代化的教学手段，可以吸引学生的注意力，能够提高教师的课堂教学效率。现代化的教学手段有很多种，如录像、录音、电视、电影、网络以及多媒体课件等。高校英

语教师在课堂上应该有效地利用这些现代化的教学手段，从而改变传统的一支粉笔、一张黑板的教学工具。同时为了师生更好地交流，还可以设立师生互动平台，提前为学生提供英语课文背景知识及英美文化介绍等。

3.高校英语教师队伍建设

近年来很多高校都进行了英语教学改革，随之而来的就是教师的教学任务不断加重，另外较为突出的问题就是师资力量短缺，同时出现的问题是现在的高校英语教师的学历也不能满足和适应现有的教学任务，教师的创新能力低，科研成果少。很多学校都存在本科学历的教师教本科学生的情况，面对这种情况，教师自身要有压力感，努力提高自身的专业水平和素养，同时各高校要有提高教师学历的整体规划，加大财力、物力的投入，支持和鼓励教师外出学习和培训，同时还可以采取在岗轮流培训的制度，培养高校英语教师成为自主学习型教师。

4.课程计划的改革

课程计划是指在上学期末或本学期初要求每位教师就本学期所教授内容列一个详细的计划，大致内容主要包括每周教学进度和内容。很多高校还将课程计划列入教师考核的标准。课程计划可以促使教师有计划、有步骤地进行本学期所教内容的讲解，能够保障教学的顺利进行。但是大家也应该看到它的弊端。教学计划虽然规定了教学的进度和内容，但是在某种程度上却制约了教师教学的能动性和创造性。教师会沿着统一的教学步骤采用统一的教学风格把本学期所讲内容按部就班地讲解完，教学效果可想而知。但事实上，在统一的教学大纲的指导下，按专业设置来制订教学计划应该是一种比较理想的状态。只要不违反高校英语教学目标，可以给任课教师适当的自由，让他们根据自己的专业特色制订教学计划。

（二）信息化时代高校英语写作教学的创新策略

1.从应用模式入手进行信息化授课应用

在新环境中的高校英语教学与初、高中英语教学迥然不同，其更加注重对学生英语口语及交际能力的培养，侧重培养学生的英语综合能力，使学生在今后的学习与工作当中能够具有使用英语进行书面以及口头交流的能力。作为依托于多媒体技术而诞生的产物，微课将课堂中无法呈现的知识点进行归纳和总结，通过简单有趣的视频编辑，播放给学生，让学生能够通过最为直观的方式将原本抽象的知识具象化。另外，教师可以利用好微课视频在同类型视频中的共享功能，遇到自己不知道如何呈现的内容时，及时汲取他人的想法，不断地对自己的视频进行改进，不断地丰富内容、加强效果，从而呈现给学生最为完善的微课内容。

2.对预习复习的应用

除了对重点和难点问题的解读，微课的另一大作用就是帮助学生进行课前的预习与课后的复习。现如今的高校英语写作教学内容庞杂，知识量巨大，但是英语写作的课时却是有限的，为了在有限的课时之内将知识点讲完，教师需要将每一堂英语写作课都安排上许多的教学任务，但是，大部分的学生不会在课前对即将学习的内容进行预习，也不会在课后针对重点和难点问题进行更深层次的复习，这就使得英语写作教学的整体效率不高，甚至出现有许多学生跟不上正常的教学进度的现象。教师可以利用微课的方式，将即将学习课程的相关资料提前发给学生，让学生在上课之前就知道这堂课要讲什么、其含义是什么，这样一来，学生可以带着问题学习，不仅可以调动他们的好奇心，还能够更加顺利地进行接下来的课堂教学工作。教师还可以将课上出现的一些重点和难点进行总结，并将其制作成总结型的微课，发送给学生，作为学生课后复习的重要资料与参考。

3.对教学内容及模式的选择

微课的时间限制要求教师必须严格对微课中所呈现的内容进行把关,一定要针对教学中的重点和难点问题进行解读,并且一节微课所包含的主题应当尽量简洁。比如说,在一节微课中,教师只就书信体的英语写作格式进行讲解,这样才能取得较为理想的教学效果。

教师应尽可能自然和快速地将主题导入进来,高效利用时间,争取在最短的时间之内将一个知识点讲通、讲透。多模态的教学模式是灵活性和实用性最强的教学模式。教师切记要注意信息化授课整体的统一性和逻辑性,各种教学资源都需要围绕着同一个主题进行选择。

第五章 信息化时代高校英语教学创新

第一节 信息化时代高校英语课堂教学创新

2018年，中华人民共和国教育部印发了《教育信息化2.0行动计划》；2019年，《中国教育现代化2035》提出要加快信息化时代教育变革。"教育信息化"不但是近几年的政策热点，而且是当前高校教育改革的必然趋势和未来高校教育发展的引领。在教育信息化的背景下，教师可以在教学中使用更丰富的资源，并且利用信息技术为学生提供更有效的课堂教学，提高学生的英语学习水平。

一、信息化时代高校英语课堂教学挑战

如今，国内外经济高速发展和社会变革不断深化，英语作为吸收和传播世界文明成果、对外开放和促进经贸交流的重要工具，起着特殊而重要的作用。随着高校英语教学改革的推进，高校英语课时减少了1/4。想在如此短的课堂教学时间内完成听、说、读、写、译五项能力的培养较为困难，高校英语相对于高中英语难度大、内容多、课时少，学生的英语学习积极性和热情在逐渐降低。传统的高校英语课堂以教师为中心，围绕课本和教室展开教学活动，许多学生表示对高校英语教师全英文授课表示不习惯，英语水平不升反降，高校英语教学模式亟须创新。

信息化发展虽然给高校英语教师的课堂教学带来了挑战，但是它带来的机

遇也是多方面的。首先，学生可以把智能手机当作学习英语的工具，各种优质的英语学习 App 层出不穷，内容涵盖英语学习的大多方面，学生也可以利用手机上网查阅各种学习资料；其次，教师可以通过掌握一些信息技术，打破以往的时间限制、空间限制、班级设置限制、课程教材限制，真正把学生放在一个无限的时间和空间中，将学生和学生、学生与资源、学生与工具、学生与内容组合起来，通过这样的一种重新组合，去设计教学内容，实现"以学生为中心"，把学生当作知识体系创造的主体。

二、信息化时代高校英语课堂教学创新设计

以高校外语教学平台 U 校园和在线英语写作批改平台批改网为例，探讨高校英语教学设计的两种常用模式。

（一）教学平台分析

1.U 校园

U 校园是外研社 Unipus 旗下的在线教学平台，为高校英语教学提供混合式教学解决方案。U 校园支持计算机、手机等终端设备，其手机应用又分为学生版和教师版，该平台提供了高校英语教材——《新视野大学英语》的数字教材，为教师和学生提供了线上学习、互动交流、教学管理、评估测试等专业化支持。

2.批改网

批改网是一款智能批改英语作文的在线服务系统，其是基于云计算的英语作文自动批改在线服务，通过计算学生作文和标准语料库之间的距离，即时生成学生作文的得分和语言及内容分析结果，同时标出词汇、语法、段落等方面的错误，逐句给出修改意见和提供参考范文。与以往教师的纯人工批阅相比，利用批改网辅助修改学生作文能起到显著的效果。

(二)创新型教学设计

1.课前准备

教师通过课前在互联网搜索并下载全英文无字幕的视频,制作生词表,设置课堂提问,随后上传至学习群组,通知学生自行下载视频、观看视频并且回答问题。在完成这个任务后,学生登录U校园学生版App,查看单词和语言点详解以及课文主旨大意的理解。了解文章大意后,学生对于视频内容的理解会更透彻。要求学生在做完所有的课前功课后,在U校园中回答教师提出的问题,教师可以通过U校园教师版查阅每个学生的功课预习情况。

2.课中互动

在翻转课堂模式中的课中是教师和学生互动交流的过程。课文导入部分,教师和学生一起回顾视频内容,并查找其与课文不一样的地方。通过多媒体设备展示相关例子,引导学生思考和理解。同时,教师使用多媒体课件展示课文中的语言重难点和语篇分析内容,以及文章的幽默、修辞等内容。

3.课后任务

在课后,对于课上没有时间讲解的内容,教师在U校园中为学生布置课下自学任务,并在U校园的"综合成绩管理"模块,通过设定权重,将学生的自学情况计入期末成绩,以鼓励和监督学生完成课下学习。同时通过批改网布置与课文相关的写作任务,要求学生在批改网上完成作文,并及时提交。

通过翻转课堂的教学模式,学生的课前输入量有所增加,学生在学中探索,在学中发现问题,然后在课堂上解决问题,并在教师的指导下得到点拨和表达的机会。将传统教学方式和数字化技术有机结合,有助于弥补传统课堂教学的不足,创造融洽的学习氛围和紧凑的教学流程。学生不仅可以实现有针对性的预习,还可以带着明确的问题走进课堂。教师通过对布置的作业进行及时检查,收集学生的反馈。在课堂教学中,教师可以把节省下来的知识讲解的时间用于讲授重难点,有针对性地解决学生在课前预习中发现的问题,能够极大地提高教学效率。对于基础比较好的班级,教师还可以鼓励学生参与更多的讨论来锻炼学生的批判性思维能力。翻转课堂的"先学后教"的模式，使教师的备课是基于对学生学习的评估基础上的，而不是简单地把传统的课本知识传输给学生。对学生学习的评估也会贯穿教学的始终，时刻影响着教学目标、内容和方法的选择。

利用现代化信息技术的教学，改变了单一化的教学手段，将移动学习、在线学习和传统学习相结合，优化了自主学习模式。新的模式弥补了传统课堂的不足，帮助高校学生更灵活地安排学习进度、时间和地点。学生的课堂参与积极性明显提高，学习热情也比以往更高。

（三）创新教学型设计的注意事项

1.良好的网络环境和适当的任务时长

如果不能联网，依托互联网而存在的数字资源就不能使用，学生的课前知识输入就会受到影响。但是一旦联网，学生很容易被其他的推送干扰。另外，处于大一大二阶段的学生，课程压力比较大，既有专业必修课，又有许多公共课和选修课，同时穿插课外实践活动，空闲的时间并不多。许多学生周一至周五都是满课，周六周日还要上选修课，没有足够的时间来完成课前的知识消化任务。

2.信息教育化要求教师具备更强的能力

作为一线教师，除了繁重的教学任务，还有艰巨的科研任务。随着教育信息化的不断发展，基于信息技术的高校英语的创新是必经之路，这是适应新时代发展的需要，也是高校英语改革的趋势。高校英语教师应该学习教育信息化时代新的教学理念、教学手段和教学方法。教师应完善课堂设计、媒体制作、课堂组织，以及学习测评等能力，为学生创造学习动机、培养学习需求、营造良好的学习环境和学习生态，探索如何利用技术让学生主动学习，因此教师要不断提高自身的教育教学业务水平，不断适应教育教学改革的新要求。

第二节 信息化时代高校英语教师能力创新

随着全球信息化的高速发展，世界各国高度重视社会信息化建设，因此，加快教育信息化的建设与发展，提高公民的信息化能力与素质，培养适应信息化社会发展的人才，以增强科技竞争力，整体提升综合国力是各国追求的目标。

信息化教学能力是以促进学生发展为目的，利用信息资源从事教学活动，完成教学任务的综合能力。教师的信息化教学能力发展的目的是促进学生的发展，所利用的信息资源是介入教学中所有技术作用下的信息化教学资源，教师信息化教学能力是一种综合能力，它由若干信息化教学子能力构成，是信息化社会中教师专业发展的核心能力。

一、教师信息化教学能力概述

（一）信息化社会与教师专业发展

1.课程改革对教师的要求

课程改革要求改变注重知识传授的倾向，强调形成学生积极主动的学习态度，从而要求教师由单一的知识传授者变为满足不同学生学习要求的帮助者、指导者、促进者，培养学生的创新精神与实践能力、终身学习的意识与能力和良好的信息素养。课程改革能够使课程结构从单一走向多样、从分科走向综合。在信息化时代下，教学信息资源的来源多元化，要求教师具有新的课程观、教学信息资源观，从权威的课程执行者变为学习环境的创建者及教学信息资源的收集者、开发者和设计者。

课程改革改变了学生的学习方式，体现了学生学习的主体性、参与性、探索性，要求全面发展不同学生的学习能力；要求教师转变教学方式，加强与学生的教学交往，培养学生收集和处理信息的能力、获得新知识的能力、分析和解决问题的能力，以及交流与合作的能力；要求改变教学评价方式，改变传统评价过于强调的甄别与选拔，评价要促进学生的全面发展，倡导多元化的评价方式。课程改革对教师提出了各种要求，需要教师具有与时俱进的课程观，对教师的知识结构和能力素质提出了更高的要求，需要教师转变传统的教学方式，加强教学交往能力，教师教学能力的提升要促进不同学生的发展，等等。

2.教师专业发展对教师的期许

教师专业发展是目前教育领域普遍关注的话题之一，教学能力发展是教师专业发展的核心。教师专业发展需要教师具有终身学习的意识与能力，动态地实现自身知识的更新以及教学能力的提升。要培养学生的创新精神与实践能力，需要发展教师的创新意识与应用实践能力，教师专业发展需要教师具有一定的教学交往能力，既包括教师之间的教学对话合作，以形成教师教学的集体智慧；也包括教师与学生之间的交流合作，以更好地完成教学任务，促进学生的全面发展。教师专业发展需要教师角色转变，教师由知识的传授者转变为学生学习的帮助者、指导者和促进者。教师专业发展不仅要求教师具有一定的教学能力，同时还要求教师有一定的学习资源开发能力和教学研究能力，尤其是教学研究能力，教师要有针对性地反思自己的教学，提高自身分析问题与解决问题的能力，从而有效地提升教学能力。在教学中研究，在研究中提高，以便更好地促进教师的专业发展。

3.信息化时代对教师的挑战

教育信息化是社会信息化的重要组成部分，而教师教育的信息化发展，是教育信息化发展的关键环节，也是促进教育信息化发展的重要力量。在信息化社会中，教育思想、教学内容、教学方法等都发生了转变，对教师的知识体系和能力素质也提出了挑战。在信息化社会中，教师的专业发展受到普遍关注和重视，中华人民共和国教育部不断完善教师有关教育技术的能力标准，开展了大量在教学中发展教师信息技术应用能力的项目，为信息化社会中教师的教育技术能力发展提供了帮助与支持，在一定程度上，也规范了教师教育技术能力的培训与资格认证。

（二）教师信息化教学能力的特性

教师的信息化教学能力是教师在教学过程中，运用信息技术开展教学活动和完成教学任务的一种重要的特殊能力，它建立在教师信息化实践知识基础上，并在一定的信息化情境中形成和发展。教师信息化教学能力主要的特性有以下几方面：

1.信息化教学能力的复合性

信息化社会对教师教学能力的要求，已不再是单一地传授知识和技能。教师的信息化教学能力既有传授知识、技能方面的能力，也有教学技术、技术化的知识内容、技术化的教学方法、技术化的协作教学等方面的能力要求；既有促进教师教学能力发展方面的能力要求，还有促进不同学生信息化学习能力发展的要求；既有初级的信息化教学能力要求，又要具备更高层次的信息化教学能力素质。在传统社会中教师的教学能力同样具有复合性的特点，但信息化时代下，由于信息技术要素的动态介入，使得教师的信息化教学能力更为复杂多样。尤其是现代社会教学信息来源多元化、学习资源环境数字化，使教师在教学中应发挥的作用发生了很大的转变。信息化的学习环境对教师驾驭教学的能力提出了更高要求，要求教师的教学能力素质趋向于更加全面化发展。教师不仅要有信息化教学知识内容的传授能力，还要具备促进不同学习风格和不同学习策略的学生实现信息化学习的能力，使因材施教在信息化社会中得以真正实现。

2.信息化教学能力的相关性

教师信息化教学能力是由一系列子能力构成的，但各个子能力又是相互联系、相互影响、相互作用、彼此关联的。首先，基本的教学能力具有能力发展的基础性。教师的信息化教学能力是建立在一定的教学能力基础上的，如驾驭学科教学内容的能力、一般教学法的相关能力、基本的教学技术能力等，都是教师信息化教学能力发展的基础能力。其次，信息化教学的相关学科内容能力、信息化学科教学法相关能力等的形成与发展,也是教师将教学技术、学科教学内容以及学科教学法融合的过程,体现出能力形成与发展的融合性特征。最后,在信息化教学能力发展中,不同阶段的能力素质具有一定的递进性。教师的信息化教学能力素质,在不同的信息化教学能力发展阶段有不同的侧重。在信息化社会中,教师的各种教学子能力,只有通过在动态的发展中寻求新的平衡与协调,才能良性动态地形成与发展。

3.信息化教学能力的发展性

首先,为了适应不同的、复杂的信息化教学情境与信息化教学实践,以满足不同学习对象的不同学习发展与能力要求,需要教师信息化教学能力动态地形成与发展,以适应动态发展变化的要求;其次,信息技术更替周期逐渐缩短,由此而形成的信息化教学方法也同样需要不断发展变化,以满足教师教学能力变化发展的需求,适应新技术、新工具、新方法带来的变革,教师应主动适应这种动态变化的发展;再次,在信息化社会中,课程教学的改革与发展也需要教师能力的调整与改变,以适应教学改革与发展对教师能力结构提出的新要求,需要教师动态调整与发展完善自身的教学能力结构;最后,在信息化社会中,教师自身的专业发展本身也是动态的、终身的。教师的专业化成长,需要教师在不同的职业发展阶段,不断完善和发展自身的教学能力结构。教师信息化教学能力的发展是有指向的,指向教师信息化教学智慧的创造,这种发展是终身的。

4.信息化教学能力的适应性

教师信息化教学能力的形成与发展是在一定信息化教学情境实践中呈现的一种特殊的能力形式,具有明显的情境性特点。同一教学对象、同一教学内容,在不同的信息化教学情境实践中开展的学习活动,需要教师有不同的信息化教学能力去适应,以达到开展相应教学活动的目的。教师信息化教学能力不能脱离一定的信息化教学情境中主体实践的体验而单独存在,教师信息化教学能力的体现与发展,必须是在一定的信息化教学情境体验中完成的,没有信息化教学情境的实践性体验,就不会有教师信息化教学能力的发展。教师不仅要具有适应在不同信息化情境中主体实践体验的能力要求，还需要将不同信息化情境中教学的知识能力素质迁移到其他相关的信息化教学情境中，从而促进他们信息化教学实践能力的发展。

（三）教师信息化教学能力的构成

1.教师信息化教学能力的知识结构

在信息化社会中，教师教学能力的知识结构具有明显的层次性。依据教学中对教师教学能力的不同要求，将教师信息化教学能力的知识分为三个层次：第一层次包括学科知识、一般教学法知识、学科教学法知识和教学技术知识，这四类知识是教师信息化教学能力的知识基础；第二层次包括信息化学科知识和信息化教学法知识，这两类知识是教师信息化教学能力的知识主体；第三层次包括信息化学科教学法知识，这是教师信息化教学能力的最高知识要求。

（1）教师信息化教学能力的知识基础

第一层次的知识是教师信息化教学能力的知识基础，具体知识内容包括以下方面：第一，学科知识。主要指教师所从事学科专业的知识、概念、理论、方法以及相关联的学科理论内容等，是教师从事学科教学的专业知识储备。第二，一般教学法知识。主要指教学的一般性原理、策略和方法等，可以完成教学的准备、教学的实施、教学的管理、教学的评价，以及对教学目标和教学过程的认识等，以促进教师教学和学生学习的一般性的教育教学知识。第三，学科教学法知识。主要是学科知识和一般教学法的综合，涉及对学科知识的表达、传输以及呈现等，以方便教与学的过程。第四，教学技术知识、主要指广义上教学媒体和教学手段的应用知识，既包括教科书、粉笔、黑板、模型、教具等使用的技能，也包括幻灯片、投影、广播、电视、计算机、互联网等应用的硬件知识与技能。

（2）教师信息化教学能力的知识主体

第二层次的知识是教师信息化教学能力的知识主体，具体知识内容包括以下方面：第一，信息化学科知识。主要指教学技术与学科知识相互融合后的知识,教学技术使学科知识以信息化的方式更方便、更灵活地表达、呈现与扩展,也可以根据具体的学科内容选择合适恰当的教学技术。第二,信息化教学法知识。主要指教学技术与一般教学法融合后产生的新知识。教学技术介入教学过程后,教学中的要素发生了变化,在教学技术的作用下,既会巩固拓展原有的教学法,也会因此产生一些新的教学方法,如网络环境下的探究式教学、协作教学以及基于信息技术环境的情景教学等。

(3) 教师信息化教学能力的最高知识要求

知识是教师信息化教学能力的最高知识要求,具体内容是信息化学科教学法。主要指教学技术与学科知识、一般教学法融合后产生的一类特殊的知识,是教师信息化教学能力的最高知识要求,也是教师信息化教学能力发展中教师获得知识的最高境界与追求。这类知识已经超越了学科知识、教学法知识、教学技术知识的各自内涵,是三类知识的融合与动态平衡,可以在具体的学科教学中,运用合理恰当的教学技术,设置适合学生学习的信息化教学情境,拓展教师的信息化教学,以更好地促进教师信息化教学能力的发展,促进学生信息化学习能力的发展。

2.教师信息化教学能力的结构类型

知识是能力的基础,知识需要转化为能力;能力是知识的目的,是运用知识解决问题的能力。能力的体现既要综合运用知识,又要分析解决具体问题。教师的信息化教学能力是信息化教学能力知识体系与信息化教学实践的有机统一。教师的信息化教学能力可以划分为五种结构类型:信息化教学迁移能力、信息化教学交往能力、信息化教学评价能力、信息化协作教学能力,核心是促进学生信息化学习能力。

(1) 信息化教学迁移能力

教师信息化教学迁移能力的实质主要有两个方面:一是教学交往实践,体现了教学中教师与学生之间的关系。信息化社会中的教学既是知识、技能的传授,更是学生学习能力发展的促进,因此需要教师与学生间有效地交往。二是信息化教学中的教学方式体现出选择化和互动化的特点,学生的学习方式也走向了合作、对话、交流、探究与实践等。

（2）信息化教学交往能力

教师的信息化教学交往能力包括课堂信息化教学交往能力和虚拟信息化教学交往能力。

①课堂信息化教学交往能力

课堂信息化教学交往能力指在课堂信息化教学情境中，教师与学生的教学交往能力。在课堂信息化教学情境中，需要实现师生之间的多元化教学交往，需要定位师生之间新的教学交往关系与角色。在信息化情境中，教师是学习过程的设计者，学习资源的开发者，学习活动的组织者、引导者和管理者，学生是积极主动的学习者。在课堂信息化教学情境中，教师要与学生实现信息化的交流与沟通，实现与学生的平等对话。教师也要对学生的信息化学习过程进行指导，让学生在信息化环境中学会学习。教师还要对课堂的信息化教学活动合理协调，保证课堂信息化教学活动的有序顺利开展，既有对学生学习的协调，也有对教学活动序列的协调。教学协调能力是教师课堂信息化教学交往得以有效进行的保障。教师的课堂信息化教学交往能力，是促进教师有效教学和学生有效学习的重要能力指标。

②虚拟信息化教学交往能力

虚拟信息化教学交往能力指在虚拟的信息化教学情境中，教师与学生的教学交往能力。信息化教学交往能力，在更多意义上指的是虚拟信息化教学交往能力，在虚拟的学习环境中，师生之间的有效教学交往是保障学生学习顺利开展的前提条件。从内容上来看，虚拟信息化教学交往能力，主要包括教师为学生提供虚拟学习环境中的学习支持，监控学生在虚拟学习环境中的学习行为，对学生在学习中遇到的各种问题，通过虚拟的学习环境提供尽可能的帮助；从形式上来看，虚拟信息化教学交往能力，主要包括教师与学生个体之间的虚拟信息化教学交往、教师与学生群体之间的虚拟信息化教学交往、学生与学生之间的虚拟对话交流与合作交往等，实现多元化的信息化教学交往。

（3）信息化教学评价能力

教师的信息化教学评价能力指教师对信息化教学和学生对信息化学习做出合理的价值判断，调整在信息化情境中的教学行为，规范指导学生的学习行为，以实现教学过程的优化。信息化教学评价，既关注对教师的教学评价，更强调针对学生的发展和学生整体素质的提高的评价；既关注结果的评价，更强调过程的动态评价。信息化教学评价体现出发展的、全面的、多元的、动态的特点。教师的信息化教学评价能力可以分为以下方面：

①学生信息化学习的评价能力

在信息化社会中的教学评价，既要关注学生个体的发展和个体的差异，同时也要关注在信息化情境中学生创造性的学习能力和综合素质的提高；既要关注对学生在信息化学习中知识技能的评价，也要关注对学生在信息化学习中实践能力发展和情感培养的评价，实现从单一的评价方式向促进学生全面发展的评价方式的转变。学生信息化学习的评价具有很强的导向性，强调以促进学生信息化学习能力的发展、创造性实践能力的提高为评价的主要价值取向。

②教师信息化教学的评价能力

关注以促进教师有效教学为目的的教师信息化教学质量评价，是相对注重结果的评价，更加强调以促进教师专业发展为出发点的发展性评价，以帮助教师不断提高自身的教学能力和相关业务水平，实现针对教师信息化教学的过程性动态评价。

（4）信息化协作教学能力

传统意义上的教师协作教学，一般是指教师在备课、教学观摩、教学活动、科学研究等方面的有效协作。信息化社会为教师协作教学提供了可能，拓展和延伸了教师协作教学的能力。

就教师的职业发展方面来看，教师必须具备技能和知识，以创设和管理复杂的项目，并与其他利用网络来获取资料的教师、同事和外部专家合作，促进自身的职业发展。教师应打造基于信息和传播技术的知识团体，并运用信息和传播技术来培养学生的知识创造技能，使用各种数字化时代的媒介和方式与学生、家长就一些信息和想法进行有效沟通。

在信息化时代下，教师需要发展信息化教学协作能力与信息化教学集体智慧，需要利用数字化网络资源与同事、专家合作，打造基于信息和传播技术的集体教学知识和多元化的集体教学能力，以支持学生的有效学习和创新能力的发展，同时促进教师自身的职业发展。有关教师信息化教学协作能力的相关研究，各个国家目前已开始广泛关注，这也是当前教师信息化教学能力发展研究的新领域，是各国对教师相关教育技术能力的新要求。

（5）促进学生信息化学习能力

信息化社会对教师的教学能力提出了新要求，学生相应的学习能力也发生了变化。以往的相关研究注重信息化环境，有助于教师教学能力的提升和对教师专业发展的促进。目前，人们更多地把研究的问题聚焦于学生的能力发展方面。教师教学能力的发展是为了促进学生学习能力的发展，是为了促进不同学习风格和策略的学生信息化学习能力的发展。

二、教师信息化教学能力的实施策略

（一）信息化时代下的教学走向

人类从工业社会进入信息社会后，机械化、工业化、规模化的教育信息批量生产受到了巨大的冲击，信息技术使教学时空、教学内容、教学资源、教学方式等都发生了重大改变。

1.教学空间走向开放

在信息化社会中，教学的物理空间得到了拓展和延伸，不仅可以在课堂与教师面对面的教学中完成，也可以在不同的学校、不同的地区、不同的国家，甚至是在地球的任何角落，满足不同学生的不同学习需求。学生可以是"在场式"的学习，也可以是"在线式"的学习，还可以是"在场式"学习与"在线式"学习的有机结合。

在教学的物理空间得到延伸的同时，师生的情感空间和心理空间也得到了扩展。在传统社会中，单一课堂教学中的师生关系已经演变为网络虚拟空间中带有各种不同学习需求、来自不同地域的各类学生之间的情感与心理交融，师生关系也已经包括网络虚拟空间中并未谋面的教师与学生之间的教学交往与交流。同时，教学中的教师，也并非唯一的教学信息来源。信息化社会的教师协作教学也将变成可能与现实，教师在教学中的各种协作与交流将更为广泛有效。

2.教学内容走向仿象

在传统课堂中的教学，教学内容呈现的多是文字和语言，教学内容的抽象化程度依然较高。而在信息技术作用下的教学内容，更具仿象性。教学中大量的图片、声音、动画、视频等多媒体的表达元素，使抽象的知识内容变得更加直观具体。自从出现了专业教师，其教育教学的抽象能力一直在逐步增强。从这个角度看，教师的专业发展既是其抽象事物能力逐步增强的过程，更是其利用多媒体表达手段，形象直观地表达抽象知识和事物现象能力逐步发展与成长的过程。因此，在信息技术作用下的教学内容，通过更多的直观形象表达方式，使教学内容从抽象走向了形象。

3.教学资源走向共享

信息技术使优质的教学信息资源实现了有效共享，教学资源从分散走向了统整。信息的最大特性是共享性，而在信息化社会中，教学信息资源实现了真正意义上的有效共享，体现了学生获取教育信息资源的便利性和平等性。在信息技术作用下统整的教学信息资源，既可以满足不同学生的学习需求，也有助于改善教师的教学方法，丰富教师教学信息资源的选择。统整的教育信息资源，使教学信息来源多元化的同时，也促进了教师的信息化教学能力发展，学生的信息化学习能力也得以增强，从而加速了教育教学的信息化发展，推动了整个教育信息化的进程，深化了整个社会的信息化发展。

4.教学方式走向个性

信息技术作用下的教学方式,使不同学生的不同学习需求得以真正实现,教学方式从统一走向了个性。信息化使教学方式中的共性与个性问题找到了解决的有效途径,使真正的因材施教成为可能。不同的学生,既可以根据批量化的教育信息资源,实现统一进度的学习,更重要的是,也完全可以根据个性化的学习需求,实现因人而异的学习方式,使学习更具个人色彩,真正体现学生的主体地位。学生可以按照不同的学习兴趣,自由地选择学习空间、学习内容、学习方式等,以满足在信息时代个性化的学习需求。

(二)教师信息化教学能力的专业发展

为适应教师专业发展及教师信息化教学能力发展的要求,针对信息化教学能力职前培养和在职培训机构内容体系不协调、信息化教学能力价值取向偏颇、资源配置缺乏合理等一系列问题,推行职前教师信息化教学能力培养与职后信息化教学能力培训一体化,形成并完善教师信息化教学能力终身发展体系。教师信息化教学能力的发展,符合能力发展的一般规律,但也有其自身发展的特殊性,教师信息化教学能力的发展是动态的、系统的、有指向的。

1.教师信息化教学能力的动态发展

教育的发展和教学的改革,需要教师的不断成长,教师的专业发展也需要教师能力素质的不断提高。作为介入教师信息化教学能力中的教学技术,更具有发展的时代性。因此,教师信息化教学能力并非固定不变的,而是处于一种动态变化的状态。在不同的历史时期、社会背景、教育背景下,教师信息化教学能力的要求是动态的、变化的、不确定的,但也是有指向的,教师必须适应这种动态变化的不确定性要求。同时,教师信息化教学能力的发展也是动态的,这种动态性是教师信息化教学能力不断发展、不断完善、不断提升的过程,也是适应社会的变化、不断更新知识和能力素质、追求新知的过程。动态发展的动力既来自学习、教学实践和协作教学等,也来自教师信息化教学能力发展的自主性,需要教师具有自主学习、终身学习的能力。

2.教师信息化教学能力的系统发展

第一，教师信息化教学能力发展的多样性要求。教师不能仅依靠职前的知识技能学习，也不能单一地依靠在职参与的一些能力发展项目。教师信息化教学能力的发展，既有知识技能方面的结构要求，也有其自身能力方面的素质要求，是知识技能与能力素质的一体化发展。

第二，教师信息化教学能力发展的侧重性要求。职前教师的能力发展，更加侧重知识的积累和技能的模仿体验；在职教师的能力发展，更加侧重不同信息化教学情境的能力迁移、融合和具体的信息化教学实践。职前能力发展和在职能力发展既有不同的侧重点，又有发展的一体化紧密衔接。

第三，教师信息化教学能力发展的系统性要求。这不仅是教师个体的专业化成长，还关乎着学生的成长、教育的发展和社会的发展。教师的信息化是教育信息化的关键环节，教育信息化也是社会信息化的重要组成部分。教师信息化教学能力的发展已经不再是单一的个体内部成长，而是关乎个体外部的诸多关联要素。从教师个体成长到促进学生、教育和社会的发展，体现了发展的系统性。

3.教师信息化教学能力的指向发展

教师信息化教学能力发展是一个有目的、有指向的过程。从教师信息化教学能力发展的知识结构看，寻求教师的信息化学科教学法知识是其归宿，而教师整体知识体系的发展指向了教师信息化教学智慧的创造；从教师信息化教学能力发展的能力结构看，教师自身信息化教学能力的提高、实现教师的专业发展是其归宿，而教师自身能力素质的发展指向了学生信息化学习能力的发展和学生的成长。教师信息化教学能力的知识结构和能力素质的发展，都有明确的指向性。

（三）教师信息化教学能力发展的促进策略

教师信息化教学能力发展的促进策略，可以从宏观策略、中观策略、微观策略三方面分析。其中，宏观策略是促进其发展的外部环境条件；中观策略是促进其发展的方法论；微观策略是促进其发展的内部系统和直接条件。

1. 宏观发展策略

宏观层面的教师信息化教学能力发展策略，主要是促进其发展的外部环境条件策略，主要包括以下方面：

（1）社会发展的需求

信息技术影响和改变着人们的工作、学习和生活方式，现代社会已经是一个高度信息化的社会，信息社会的一个重要特征就是信息量激增，知识更新周期缩短。教育的信息化是社会信息化的一部分，教师的"教"又是教育信息化的关键环节。信息技术融入教育领域后，教学的方式、学习的方式、教育信息资源、教学环境以及人们的思维方式等都发生了巨大的变化。教师要适应信息化社会的发展与变化要求，就必须主动实现其自身角色转型，提升其自身的能力素养。在信息化社会中的教师，既要具有一定的信息素养，还要实现自身角色的转变，更要发展他们的信息化教学能力。

信息化社会需要培养出具有创新精神和实践能力的信息化人才，这就需要教师实现自身的信息化发展。就此而言，信息化社会呼吁教师进行信息化发展，教师的信息化教学能力是时代赋予教师的责任与使命。因此，教师信息化教学能力的发展，是信息时代对教师的能力要求，也是信息技术深入渗透教育的发展需要。

信息化社会对教师能力发展的要求，要求教师在学习学科专业知识、懂得一般教学法和学科教学法的同时，还要熟练掌握教学技术的知识与能力。在此基础上，要求发展教师的信息化学科知识、信息化教学法知识和信息化学科教学法知识。在信息化教学实践中，逐步转化为教师的信息化教学智慧。从这个意义上看，教师的教学技术能力是教师信息化教学能力发展的技术基础，教师的信息化教学知识和信息化教学实践是教师信息化教学能力发展的主体，信息化教学智慧是教师信息化教学能力发展的归宿。

（2）教育规划的保障

教育信息化是当今教育发展的潮流与趋势，世界各国都十分重视教育信息化的发展。从专门针对信息化社会中的教育规划、教育改革方案，到教育信息化基础设施、教育信息资源、教师信息技术与能力培训等，各种政策层面都给予教师的信息化发展以支持与保障。从教师信息化教学能力发展的策略看，政策支持与保障集中体现在通用的相关教师教育技术能力标准的颁布与实施、教师相关信息技术能力的系统培训项目支持等。

随着时代的变化发展，各国都在加强开展教师相关信息技术能力培训的同时，不断地调整对教师的相关能力要求和教育技术能力标准与能力发展项目，这是适应了时代变化的要求。教师信息化教学能力动态发展的观点，也正是基于此。动态变化并非难以确定，而是顺应了时代变化的需要。通用的相关教师教育技术能力的标准，既是对教师相应能力的规范，也是对教师相关能力发展项目的引导。

从政策保障的层面看教师信息化教学能力的发展，既要重视教师在教育技术能力中相关教师信息化教学能力的明确要求，动态调整教师相关能力标准的规范，又要重视对教师相关能力的培训、考核与认证。

（3）教育改革的引导

为了适应信息化对教育以及教师能力提出的挑战，培养信息化社会所需的、适应时代要求的高素质人才，我国相继推行了教育教学领域的改革，以适应信息化社会对人才培养的挑战与要求。教育教学改革在课程体系、实践教学、教学方法策略等方面，已经有了改革与引导。我国在基础教育的相关改革中也获得了很大发展，这也直接引导了对教育教学评价的价值取向。

从教师信息化教学能力发展的角度分析，教师信息化教学能力发展的目的是促进学生信息化学习能力的发展，因此相应的教学评价就不能仅仅局限于教师信息化教学能力的提升，而更应该把相关教师能力标准、教师的相关教学评价，以及相关科学研究的目光，及时转向在信息化社会中学生的发展。

（4）学校组织的支持

学校是教师教育教学活动的场所，也是教师发挥教学能力的平台。在促进教师信息化教学能力发展的所有外部条件中，学校是最直接的促进因素。主要分析以下方面：

①校长的责任

校长对学校的发展有一定的驾驭和引导责任，与教师存在着领导与被领导的关系。校长对于教师的信息化教学能力发展的促进策略，集中体现在两个方面：一是校长对教师信息化教学能力的认识；二是校长对教师信息化教学能力的认可。教师信息化教学能力的发展需要来自学校层面的理解、支持、引导、帮助，既包括校长给予教师的精神鼓励，还包括必要时的物质激励手段。校长对教师信息化教学能力的认可，要在学校形成一种能力发展的氛围，这样才会有利于促进教师信息化教学能力的发展。

②学校基础设施的配备情况

教师信息化教学能力的发展，需要在一定的信息化教学情境中完成。因此，学校相应的信息化教学基础设施建设和教育信息化资源的设计、开发与准备是必不可少的。学校既要完善基本的教学设施建设，也要加大对信息化教学基础设施的配备力度。

③在职教师信息技术应用培训

学校应有计划地安排教师参加相关的信息技术能力发展项目培训，或专门针对教师的实际情况，组织教师参与校本培训。在职教师的培训，是促进教师信息化教学能力发展的重要方式和渠道，学校应给予足够的重视与支持。

④促进教师间的交流学习

学校有责任引导、组织学科教师开展信息化教学的研讨、观摩，开展教师间的信息化合作教学，包括信息化教学集体备课、集体讨论、集体教学研究等。学校既可以组织面向本校教师的信息化协作教学交流，也可以利用网络等方式，促进不同学校、不同地区，甚至是不同地域的相关学科教师，开展教学交流与对话。既可以是教师间的协作交流，也可以是教师与学生、教师与专家的交流对话。充分的教学协作与交流，有利于促进教师信息化教学能力发展的经验共享。

（5）教师成长的条件

教师信息化教学能力的发展，外因是条件，内因是根本，发展的最终内驱力来自教师本身。因此，教师对信息化教学能力的自信心、正确的态度、时间保证、知识的准备等，都是教师信息化能力发展的直接内部促进力量。同时，信息化社会教师的专业成长需要，也直接促进了教师信息化教学能力的发展。

在信息化社会中教师的专业发展，也要求教师信息化教学能力理性提升。信息技术与教师专业发展的关联，从外部看，信息技术不同程度地促进了教师的专业发展；从内部看，信息技术已不仅仅是教师专业发展中知能结构的一部分，它已经渗透于教师专业发展中知能结构的各个方面。

在信息化教学能力发展过程中，教师的自主学习贯穿始终。从这个意义上看，教师的信息化教学能力发展既是自主的，也是终身的。只有教师对自身信息化教学能力发展有信心，也有兴趣，并愿意为此做出努力，这种能力才会有更大的发展。

2.中观发展策略

教师信息化教学能力的发展，需要一定的方式、方法和策略，要有促进其发展的方法论，即教师信息化教学能力发展策略的中观层面。在这一层面中，促进教师这一能力发展的关键环节是职前培养、教学实践、在职培训、协作交流、自主学习。教师信息化教学能力发展中观层面的促进策略，主要表现在职前培养与在职培训相结合、传统方式与网络在线相结合、技术知识与实践应用相结合、自主学习与协作交流相结合等方面。

（1）职前培养与在职培训相结合

教师信息化教学能力发展是一个系统的过程，发展的过程从静态走向了动态，从封闭走向了开放，从单一走向了多元，从传授走向了协作，实现了从阶段性教师培训到终身能力发展的观念转变。职前培养与在职培训都是教师信息化教学能力发展的重要促进环节，是不同能力发展阶段的台阶或锚点，不应将其分开，要将职前培养与在职培训紧密结合。

世界各国对职前教师，也就是对未来教师的培养都很重视，是从教师能力源头上入手的。职前教师和在职教师在能力发展方面的侧重点不一样。职前教师主要以技术知识、技能的学习和模仿为主,虽然也有一些教学实践环节,如教学实习等,但总体上要以教师信息化教学知识和技能的获得为主;在职教师主要以知识、技能在新情境中的动态应用实践为主,包括技术知识、技能的学习等。教师信息化教学能力的知识体系是教学能力的基础。

(2) 传统方式与网络在线相结合

在开展面对面培训方式的同时,开展网络培训的方式,实现了传统方式与网络在线的有机结合。在信息化社会中,获取学习信息资源的渠道已经多元化,教师信息化教学能力发展的知识获取、教学经验分享、教学研讨、协作教学等,都可以通过网络在线的方式来实现。

(3) 技术知识与实践应用相结合

教师信息化教学能力的技术知识,职前教师主要通过系统学习的方式获得,在职教师主要通过自主学习、参与培训等方式获得。教学技术知识要转变为教学应用能力,就需要重视教师的实践教学环节。职前教师可以在学习中体验模仿,通过积极参与教学实习,强化对技术知识的实践应用转化。在职教师的教学实践,是将所学教学技术知识转化为应用能力的重要环节和有效方式。

(4) 自主学习与协作交流相结合

在信息化社会中,需要教师既具有自主学习的意识,也具有自主学习的能力,以适应社会发展变化和教师专业成长的需要。自主学习是教师成长的重要动力,教师可以自由选择、自主控制,自主学习贯穿教师专业发展的始终。教师信息化教学能力发展的开放性、动态性、终身性,都需要教师具有自主学习的能力。

信息化社会的教师协作交流,既包括教师间的教学交流、教学观摩、教学研讨等,也包括教师与学生、教师与专家的交流对话。教师既要能够实现面对面的协作交流,也要发展虚拟的、远距离的、跨时空的协作交流能力。教师的信息化协作教学,能有效共享集体的知识、经验与智慧,形成教师信息化教学的共同体。

3.微观发展策略

微观策略是促进教师信息化教学能力发展的内部系统和直接条件。自主学习、教学实践、协作交流，是教师个体促进能力形成与发展的集中体现。微观层面的发展策略，集中体现在以下方面：

（1）以自主学习为主的知识积累

教师的自主学习是职业发展生涯中必不可少的，是促进教师信息化教学能力可持续发展的基础条件和动力源泉，是教师专业发展的内驱力。教师自主学习的目的就是要实现技术知识的积累，促进学生的发展。在职前教师学历教育的系统化学习中，需要学习理论知识；在在职教师的阶段性培训中，需要将学习的理论知识在实践中应用，以实现教学能力的提升；在教师的协作化教学中，同样需要交流对话，相互学习，共同提高。在信息化社会中，教师的自主学习是一种过程，也是一种方式，更是一种能力。自主学习使教师在信息化教学能力的不同发展阶段获得的离散知识更加系统化，使信息化社会中教师的专业发展更加动态化、可持续化、终身化。因此，教师的信息化教学能力的可持续发展，需要教师实现以自主学习为主的知识积累。

（2）以教学实践为主的应用迁移

教师的信息化教学实践，绝非简单的技术性教学实践，而是实践中有反思，反思中有智慧。从形式上看，教师信息化教学实践是教学技术知识、教学技能在具体情境中迁移应用的体现，是一种"理论化的实践"。因此，教师要以教学实践为主，在不同的信息化教学情境中，实现信息化教学融合与信息化教学交往，在实践中反思，在反思中成长，最终实现教师信息化教学智慧的生成与创造。

（3）以协作教学为主的对话交流

教师的信息化协作教学能力，是其信息化教学能力的重要能力。协作化教学能力，集中体现在教学观摩、教学研讨、协作交流、协作科研等方面，有利于促进教师信息化教学能力的整体提升与发展。教师的信息化协作教学，实现了教师间的相互交流、相互促进、相互提高，有助于教学经验交流、教学资源共享，有利于促进教师信息化教学能力的发展。教师的信息化协作教学能力，既包括教师间的协作交流，也包括教师与专家、教师与学生的交流对话等；不仅是指面对面的交流对话，还有在信息化环境中的协作教学与对话交流。在信息化社会中，强调教师以协作教学为主的对话交流的发展策略，更具发展的时代性。

四、信息技术与英语教学整合过程中的英语教师

目前，信息技术与英语教学整合受到越来越多的关注，但在整合实践中，也出现了各种各样的现象，以下对信息技术与英语教学整合过程中的教师角色定位及出现的问题等情况进行探讨分析：

（一）整合过程中的教师技能分析

1.整合过程中教师的角色定位

以课堂教学与在校园网上运行的英语教学软件相结合的教学模式为主要发展方向，整合的实质是变革传统的教学结构，改变"以教师为中心"的教学结构，创建新型的，既能发挥教师主导作用又能充分体现学生主体地位的"教师主导与学生主体相结合"的教学结构。由此可见，在信息技术与教学过程整合中，教师不再是传统教学课堂上的核心，而是以学生为中心的意义建构协助者、合作者、引导者，学生良好情操的培育者。

从专业方面看，教师的主要特点是：通过分析需求（语言和学习的需求）、目标（短期和长期的目标）、学习计划、选材和组织互动，帮助学生计划并实施独立的语言学习，使学生学会自我评价，为完成上述任务获得所需的技能和知识；从社会心理角度看，教师的主要特点是：促进者的特点（关心、帮助、耐心、宽容、同情、开放），激发学生的能力（鼓励赞扬、消疑解惑，帮助学生克服困难，随时可以和学生对话，避免操纵干预控制学生），帮助学生增强自主学习意识的能力。

信息技术与课程整合对教师提出了更高的要求，整合中的教师从单一职责的知识传授者转变为集学习引导者、学习促进者、学习协作者、提供资源者和课堂管理者等多元角色于一身的教育者。

2.整合过程中出现的问题

（1）教师作为引导者、促进者出现的问题

在以学生为主体的教学结构中，一些对新型教学结构掌握不好的教师片面地理解为以学生为主体的自主性学习活动，而忽略教师的引导、协作作用，弱化了教师的作用，出现了学习主体绝对化倾向、教学管理弱化、重活动形式、轻活动效果等问题。

在整合的课堂上，学生是知识的主动建构者和运用者，教师则是引导者和帮助者，而自主性学习活动恰恰能体现以学生为主体的教学理念。但在实施这一教学活动时，教师作为引导者、促进者角色的定位存在一些问题，过分强调师生分离，把所有的教学活动都交由学生自己完成，既没有师生间的互动，也没有教师的引导、监控，没有帮助学生解决学习内容、学习策略等方面的困难和问题。教师把学生自主学习理解为学生自学，在学生学习的过程中，教师没有指导、监测学生学习；在学生学习结束后，教师也没有对学生学习效果进行检查。

自主学习不等同于学生的自学，自主不等同于自由，否则自主就成为无序的代名词了。在课堂上让学生完全自主学习的现象恰恰说明了发展学生自主学习需要教师发挥更大的作用，教师的作用是计算机无法替代的。课堂上的自主学习要在教师的指导下进行，教师应在课堂上担负起指导、监控学生自主学习的责任。学生进行的是指导性自主学习，自主不是自我指导的同义词，在教室环境下，自主并不是摒弃教师的责任。在课堂上，自主学习能力强、学习程度较好的学生会进行有效的学习；而自主学习能力差的学生因失去教师有效、适当的控制，只是形式上进行了学习或自我放纵不学习。在课堂上，学生学习的过程得到严密监控和细致指导是成功教学的标志之一。

学生的学习在一定程度上是有意识的控制行为，有意识的控制行为最终来源于学生的自觉意识，而学生学习的自觉意识要靠教师有意识地引导和培养，学生学习的盲目性、随意性要靠教师来帮助克服，学习中的困难也应由教师来帮助解决。因此，整合学生在学习方面被赋予自主性并不意味着教师的多余；相反，由于学生的学习自主性是一个需要培养、完善的动态发展过程，因此在不同的学习阶段，学生离不开教师对他们进步的肯定和不足的帮助，离不开教师的引导、促进和强化。

（2）教师作为意义建构协助者、学习资源提供者出现的问题

在传统的以教师为主体的教学结构中，教师是知识的传授者，是主动的施教者，是教学的绝对主导者。而在整合后的教学结构中，教师要对学生及其学习过程中的教学内容及教学媒体进行指导和把握，要根据学生的特点选择、设计特定的教学内容、教学媒体和交流方式，并将其呈现、提供给学生，因此，教师是学生意义建构的协作者、学习资源的提供者。此外，学生希望教师能够为他们创造良好的学习环境，这种环境包括为学生制订适当的学习目标、提供丰富的学习资源，以及能够使自主学习在课后延伸下去的后续支援学习材料与学习活动等。

在实际的整合课堂上，作为意义建构协助者、学习资源提供者的教师在设计课堂教学任务时，有可能会出现对学生的实际水平估计过高或估计过低，所提供的学习内容难度与学生实际水平不符，没有很好地控制学习任务的有效性等问题。同时，教师没有给予完成任务有困难的学生个体特别的指导，没有注意到学生个体的不同造成的学习差异，具体体现在练习和试题的设计没有层次和梯度的变化。

教师作为意义建构协助者、学习资源提供者的角色不仅体现在整合课堂上，还应体现在整合课堂后的学生自主学习的后续活动中。部分教师的教育资源提供仅停留在以教师展示型为主，较少考虑研究性学习专题资源；课件或专题网页学习任务仅围绕课堂教学内容，没有提供拓展性的学习内容，没有提供适量的开放性文本资料；没有考虑学生的可持续性学习需求，不具备课外延伸性，没有为学生学习个性化发展所需的语言技能提供充分的生长空间。

如何使教师在整合中准确定位自己的角色、发挥自己应有的作用是每个教师在教学实践中要考虑的问题。只有在实践中不断探索、逐步完善信息技术与英语课程整合模式，才能使信息技术与英语学科教学整合得越来越科学、越来越有效，从而推动英语教学的良性发展。

（二）英语信息化教学中的教师素养

以现代信息技术为支撑的高校英语教学模式已成为必然趋势。"硬件"的大量投资和"软件"的优化建设为英语信息化教学提供了丰富的物质资源，教师是使这些软硬件资源充分发挥效能、促使英语课程和现代化网络技术有机整合的关键因素，在高校英语教学中，教师的信息素养更是关键中的关键，是英语信息化教学"人件"建设的核心。

1.教师在英语信息化教学改革中的作用

近年来，传统的英语教学模式难以满足学生的需求，因此，高校英语教学模式的教学改革至关重要。对于此，中华人民共和国教育部提出要利用现代信息化手段与技术来改变人才培养模式，开展自主性学习、研究性学习。《大学英语课程教学要求》也提出要建立基于计算机和网络技术的高校英语教学新模式，大力改革高校公共英语教学。经过初步实践，众多高校不仅已就深化计算机网络环境下英语教学的改革达成了共识，而且已经基本构建起了英语信息化教学所必备的硬件设施和软件资源。这些硬件和软件的投资在支持学习和教学方面发挥了很大的作用。

技术是教育中的工具性要素，技术只有为人所用才能转化为现实的教育"生产力"。脱离了人这一决定性要素谈改革，改革就是无本之木、无源之水。所以，"人件"建设的步伐不应滞后于硬件的投资和软件的开发，"人件"建设也很重要。教师的教学技术和信息化组织能力是关键，是信息通信技术和英语学科有机整合的重要因素，教师应根据本学科、本课程的性质，结合学校实际能提供的硬件设施和软件资源，分析本校学生的学习需求，有效地完成教学任务。而"人件"建设的核心不仅是技术管理员队伍建设，还是网络英语教师队伍建设。因为高校英语教学改革是由英语教师进行的教学改革，不是计算机教师的教学改革，英语教师不可能置身事外。所以，英语教师只有把信息技术和课程有机整合，才能使资源物尽其用。

教师在现行高校英语教学改革中的关键作用是由教师在改革中的地位和角色所决定的。在新教学模式中（教师、学生、教材及教学方法在现代信息化环境下新的有效组合），教师仍起着主导作用。这种主导作用体现在教师作为学习的引导者、设计者、促进者和管理者的角色中，即教师首先需要体验如何利用信息化优势去获取新知识，从而引导学生利用这个过程构建自己的知识体系（引导者）；其次，教师有了计算机和课程整合的教学体验后，就能利用信息化优势，结合学生的学习特点，设计并创造整合课程的学习环境（设计者）；再次，教师根据自己的体验提供给学生一个资源丰富的学习环境，指导其下一步的学习活动，以问题激发学生思维，并为学生的学习活动过程提供示范或描述解决问题的步骤（促进者）；最后，教师要协调解决在网络学习过程中出现的突发问题，完善教学过程（管理者）。

由此可见，英语教师的主导作用要求教师必须更新教学理念，具备一定的信息能力，同时还要将这些新的教学理念和信息能力融入课程教学原则和教学艺术中。在英语信息化教学模式的取向中，英语教师应具备较高的信息素养，培养其英语网络教学的驾驭能力，只有这样才能满足信息化教学模式的需要。教师的信息素养是英语信息化教学中"人件"建设的核心，是课程与技术整合的关键，是高校英语教学改革的关键，也是学科长远发展的关键。

2.高校英语教师的信息素养的重要意义

信息素养就是利用大量的信息及主要信息源，了解信息系统并能鉴别信息的价值，选择获取信息的最佳渠道，使问题得到解答的技术和技能。从根本意义上说，具有信息素养的人是那些知道如何进行学习的人，他们知道如何组织、如何寻找信息、如何利用信息，因此其他人可以向他们学习。综上所述，高校英语教师的信息素养应包含以下方面：

(1) 信息意识

信息意识是教师信息素养的一个重要内容，是教师在信息活动中产生的认识、观念和需求的总和，指教师对信息的敏感度，这要求教师具有敏锐的感受力和持久的注意力，能够意识到信息的作用，对信息有积极的内在需求。教师在进行信息技术与课程整合时，只有对信息敏感，具备强烈的信息意识，才会积极主动地挖掘信息，收集、利用信息，从而丰富自身的知识。信息意识是教师丰富信息知识、提高信息能力、形成信息意向、完善信息素养的前提条件，更是教师进行信息技术与课程整合的前提条件。

(2) 信息知识

信息知识是指与信息有关的理论知识和方法。信息知识是信息素养的重要组成部分。在信息时代，信息知识包括关于信息的基本知识，例如，信息理论知识，对信息和信息化的性质、信息化社会及其对人类影响的认识和理解，信息的方法和原则，等等；还包括现代信息技术知识，例如，信息技术的原理、软硬件的知识、信息技术的作用及信息技术的发展和未来等。作为教师，对这些基本的信息知识都需要有一定程度的了解，并且不断地学习。

(3) 信息能力

信息能力是整个信息素养的核心，指的是教师对信息系统的使用以及获取、分析、加工、评价信息，并创造新信息、传递信息的能力。教师应具备以下方面素养：第一，基本信息素养，即计算机基本技能，教师必须掌握 Word 文字处理、Excel 电子表格及一些常用应用软件的安装和使用，并能熟练应用计算机处理学生考试成绩、编写测验试题等；第二，多媒体素养，信息时代为教学提供了丰富的媒体，为提高教育教学质量，教师应根据不同的学科特点和教育对象，围绕教学目标、授课内容，选择和使用不同的媒体，进而制作多媒体教学课件；第三，网络素养，信息化时代下的教师应具有网络基本知识和素养，教师应当掌握计算机网络的一般原理，学会利用网络搜索数据、传输文件和进行网络交互式教学，能利用电子邮件与同行或学生进行交流，利用电子公告牌或自己制作的网站（页）发布自己的认识和观点。

（4）信息和课程整合能力

信息和课程整合能力是信息素养的目的，指的是教师根据课程特点，依据一定的教学原则，因地制宜、根据需要利用必要的媒体来设计符合教学实际的教学活动，完成教学任务，提高教学效果的能力。把信息技术和不同媒体优化组合，只有将信息技术有机融入学科教学过程，才能真正发挥信息技术的作用，从而提高教育教学质量。

（5）信息伦理

信息伦理指信息安全和信息道德两方面的内容。信息伦理把握教师信息素养的方向，指的是教师在获取、利用、加工和传播信息的过程中必须遵守一定的伦理规范，不得侵犯他人的合法权益。同时，还要了解信息安全、防范计算机病毒的常识。信息技术与课程整合背景下教师的信息道德特别指教师在信息技术与课程整合中，要保证教学内容的科学性和对他人劳动成果的尊重及知识产权的保护，这是当前教师的信息道德中的重要内容。

以上五个方面既相互独立又相互关联，一般而言，信息技能的提升是信息意识增强的结果，同时它又促进信息意识的增强，信息技能的提升通常有助于信息安全的发展，而信息安全意识的增强又必然促进信息技能的发展。

（三）高校英语教师信息素养的系统培养

1.增强教师信息意识

要突破高校英语信息化教学，观念更新比教学设备更新更重要。改变传统的思想观念是培养教师信息素养的基础和关键。提高高校英语教师的信息化教学技术能力，要使广大教师从思想上认识到提高自身信息素质的重要性、紧迫性和责任感，能自觉、主动地加强学习与实践，不断提高自己的认识，掌握将信息技术运用于语言教学的能力。

2.提高新老教师信息能力

人才缺乏制约了信息化高校英语教学的普及和多层次、多形式、多规格的发展。真正的英语信息化教学专家应当是网络技术专家和语言专家，而且首先应当是语言专家。所以，高校英语信息化教学首先要解决的是英语人才的技术问题，而不是信息化人才的英语问题。提高英语教师的信息能力，有效培训应通过以下方面：

（1）加强在职教师信息素养的继续教育

学校要通过有效的师资培训方案的实施，帮助现有的高校英语教师掌握信息化应用技能，使他们成为运用现代教育信息技术辅助英语教学的主力，使信息化教学成为高校英语课堂教学的主要教学手段，使广大学生成为信息化教学的最大受益者。由于教师本身要从事教育教学工作，没有过多的时间来培训信息素质，因此在对教师进行信息素质的培养时应坚持以在岗学习、业余学习为主。与此同时，学校还应组织专门的在职培训，组织骨干教师到有条件的高校进行短期培训，借助学校的计算机中心组织教师进行校内的信息素养培训活动，包括学校利用寒暑假或双休日组织的信息技术培训、信息技术与课程整合的教学观摩或教学研究等。教师也可以通过网络、阅读等途径进行与信息技术相关知识的学习，自我提高信息素养。

（2）做好新教师现代信息技术教育的培训

随着学校规模的扩大和学生人数的增加，对新教师的需求量也相应增大。师范院校及英语院校也可以调整目前的课程设置和教学内容，开设相关课程，使这部分人走向教师岗位后能以点带面，带动整个教师队伍的信息能力。

（3）建立相应的评价和管理模式

学校可以建立相应的信息化教学的评价和激励机制，提高教师在教学中使用新技术的积极性。对在教学中积极采用信息技术的教师给予奖励。同时，把信息能力作为教师考核的一项内容，或者举行课程信息化技术比赛、课件制作比赛，采用优秀课堂评奖等形式，增强教师的参与意识，从而提高教师的信息能力。

3.提高技术与课程整合能力

教师应积极地探索信息化时代的英语教学设计、教学模式、教学管理模式、教学评估体系、学习模式与评价等。信息技术无法替代教学艺术，要使信息技术发挥最大潜力，关键在于教师是否能够根据教育原则做出正确的决策。教师要遵从语言学习理论和教育学原则，恰当地运用技术，方可优化课堂教学，提高学生学习效率。

在信息技术与课程教学整合方面，教师应明确信息技术在语言教学中的优越性和局限性，要合理地设计教学活动，有效地实施教学方案，将信息技术灵活多样地整合于教学活动，促进学生的研究性、创造性和自主性；有效管理基于信息技术环境下的学习活动，利用信息技术，通过多种测评系统，收集、分析、解释和管理数据，对信息技术环境下的教学过程和学习活动进行有效、合理的评价。

随着信息化时代的到来，信息化技术为高校教育领域带来了全新的变化，使获取信息、处理信息、传播信息的能力成为当前环境下高校教师的必备能力。高校教师正面临着深层次的改革，如更新教师的教育观念、提高教师的教育技术、探索新的教学模式、提高教学效率和效益等。这实际上是对教师的教学意识和素质的改革，要求高校教师尽快从传统教学模式中走出来。只有具备了一支高素质的教师队伍，才谈得上建立教学模式；只有通过实验、交流、推广，才能把教学改革推向纵深发展，使学生成为最大的受益者。

"人件"建设的步伐应该先于硬件和软件建设。高校英语教师队伍是信息化教学改革中"人件"建设的核心内容，教师的信息素养是将信息技术充分有效地融入课程教学原则、推动教学改革纵深发展的关键。教师主观意识的转变和客观培训条件的创造至关重要。作为教师，只有在教育观念上跟上时代的发展、在教学过程中明确自己的职责、在教育发展中加强自身信息素养的提高，才能成为具备较高信息素养的现代化学者型教师。

第三节 信息化时代高校英语学习方式创新

在信息化时代背景下，信息、网络技术迅速发展，这在很大程度上改变了英语学习方式。合作学习、自主学习、反思性学习等都是行之有效的新型学习方式。在高校英语教学过程中，教师应强调学生的主体性，给学生提供自主学习的机会，引导学生进行反思性学习，逐渐培养学生的合作意识、自主学习能力以及反思能力。

一、信息化时代高校英语的合作学习

英语学习的过程其实就是交际的过程，而交际的基础就在于合作。通过学生之间的合作，其交际的内容会表现得更丰富，英语学习也就更深入。以下就对信息化时代下合作学习的相关内容展开论述：

（一）合作学习的要素

一般而言，合作学习包含三个要素：小组活动、相互支持和组员间的人际交往技能。

（1）小组活动

小组活动是合作学习的基本要素。小组活动是指小组有明确的学习活动时间、明确的学习活动目标、明确的学习活动任务、各个组员间的明确分工、真实详尽的学习活动反馈。

（2）相互支持

在合作学习中，组员之间的利益是联系在一起的，每个组员的学习行为都会对整个小组的学习带来一定的影响，因此组员之间必须在心理、资源等方面相互支持，使整个小组的利益最大化。

(3) 组员间的人际交往技能

小组的氛围直接影响学习目标的实现，组员应掌握一定的人际交往技能，从而创设良好的氛围。组员之间应彼此信任、积极沟通，以及正确处理冲突，这些都是人际交往技能的表现。

（二）合作学习的意义

合作学习的意义主要体现在以下方面：

第一，有助于促使学生之间互帮互助。合作学习具有交往性、互助性、分享性特点，所以学生在合作学习中可以通过师生互动、生生互动，互相启发、互相协作、互相鼓励，分享经验与知识，进而解决学生个体的难题，最终完成学习任务。

第二，有助于调动学生的积极性。通过合作学习，学生会逐渐意识到自身存在的不足。另外，在其他同学的帮助下学生也会更愿意参与教学中的活动。一旦学生参与到合作学习中，学生之间就可以展开更为充分的交流，帮助学生更好地完成学习任务。

第三，有助于培养学生的团体意识。在合作学习活动中，学生很容易将自己归为某一组（团体），并与该组荣辱与共，增强其集体荣誉感，团体意识在不知不觉中得以产生和发展。

第四，有助于培养学生的创新精神。通过合作学习，学生之间形成"支持性风气"，学生之间的相互信任、合作的程度会有所增加，他们共同完成的作品也就更具创新性和多样性。

总而言之，合作学习对培养学生的合作精神、团队意识和集体观念等均有很大帮助，还能在一定程度上弥补一个教师难以面向有差异的众多学生教学的不足，便于教师因材施教，最终真正实现每个学生的发展目标。

（三）合作学习的构成

合作学习的结构由三种类型的合作学习小组构成：一是正式合作学习小

组，可以用来教授具体的学习内容；二是非正式合作学习小组，可以用来确保学生在听课时能做到对信息进行积极的认识加工；三是基层小组，可以用来对学术上的进步提供长期的支持和帮助。任何课程布置的作业都可以通过采用合作小组的方式来完成。

1.正式合作学习小组

在正式合作学习小组中，教师需要做到以下几点：组织学习小组（确定学习小组的人数并确定如何分配学生）；讲解学生需要掌握和运用的概念、原则和策略；布置要合作完成的任务；检查学习小组的作用；通过教一些协作技巧和在需要时提供学术帮助等来进行干预；评估学生的学习效果和指导学习小组有效运作。

2.非正式的合作学习小组

在非正式的合作学习小组中，教师应该做到使学生关注学习材料、进入学习状态，确定授课内容的目标，确保学生对所学材料进行认识加工，并在课后进行总结。学生可以用 3~5 分钟的时间进行讨论，并总结他们所了解的主题，这个主题是在课前或课后的焦点讨论中设置的，这几分钟的讨论可以穿插在整个授课过程中。

3.合作学习的基层小组

合作学习的基层小组可以在学习过程中给学生提供所需的支持、鼓励和帮助。基层小组的成员可以每天碰面。他们的关系是持久的，彼此间能提供长期的相互关心。这种关心对组员在高校里进行坚持不懈的学习非常重要。采用基层小组的学习方式有利于提高学生的听课效率，使所要求的学习任务和学习过程个性化，并提高学生学习的质量。高校的规模越大，教学的内容越复杂或越困难，成立基层学习小组就越显得十分重要。

（四）合作学习的实践

合作学习的实践具体涉及以下方面：

1.合理分组

合作学习的第一步是对学生进行合理分组，具体应做到以下方面：

第一，教师必须决定小组规模，可根据学习活动的时间、学习材料的多少来决定小组规模。

第二，最好将能力不同的学生分到一组，以保证各个小组的能力相当，并且能力不同的学生在一起可以促进学习。

第三，将学习风格不同的学生放到一组，研究表明，不同学习风格的学生在一起，有助于提升学生的学习效果。

第四，组员的选择应由教师来定，而不能自由选择，因为自由选择的小组会较多地做与学习无关的事情。

2.策划并提出问题

小组合作的学习内容要有一定的可操作性，教师设置的问题要具有开放性和讨论性。在课前，教师应根据学习任务明确分组原则，对于小组内各成员的任务以及小组完成任务的时间都应该做出明确的规定。教师是学生合作学习的引导者，教师为学生布置具有适当难度的任务，充分调动学生的积极性，为不同的学习小组布置不同的任务，使各小组之间互相学习、共同进步。

3.合作实践与过程控制

学生开始合作学习的同时，教师需要对整个过程进行监督管理。教师要观察学生的表现，且给予一定的提示，也可以用提问的方式来检查学生的表现。教师在必要时应向学生提供帮助，解答学生的问题，提高学生学习的效率。对于在学习中遇到的问题，学生应该自己先深入思考，然后再和其他组员讨论交流。

4.评价合作学习效果

对小组合作学习效果的评价主要涉及两个方面：一是要对学生的学习过程以及学习结果进行评价；二是要对小组和组内各成员进行评价。

教师在评价各学习小组的成果时，要注重评价整个小组的任务完成情况，而不是小组中某一个成员的成绩。同时，教师还要对小组成员参与的积极性、主动性和思维的独创性等各个方面给予恰当的评价，这样既可以在小组内为其他学生树立学习榜样，激发组内成员相互学习的热情，又可以调动成员参与的积极性，减轻个别学生的依赖性，最终实现教学目标。

二、信息化时代高校英语的自主学习

近年来，自主学习成了英语教学的研究热点，培养学生的自主学习能力也成了英语教学的重要任务。在信息化时代下，高校英语自主学习方式可以不受时间和空间的限制，不断提高学生学习的积极性和主动性，有助于学生实现终身学习。

（一）自主学习的层面

自主学习是学生在学习过程中认知、情感和行为处于活跃的一种状态，自主学习中含有元认知、动机和行为三个要素。动机产生于学生的自我激发，元认知和行为共同营造出最佳的有利于自主学习的物质环境和社会环境。自主学习意识不仅指学生意识到自己要为自己的学习负责，还要意识到在学习过程中主动地确定学习目标和内容，意识到运用适当的学习策略和方法以及监控、管理、调节学习过程。从以下层面对自主学习的实质进行分析：

1.横向层面

横向层面的自主学习是从学习的各个维度和方面对自主学习进行综合界定。同时，自主学习就是学生本人对学习的各个方面自觉地做出选择和控制的过程，学生的学习具有充分性。具体而言，如果学生的学习动机是自驱动的，并且学习内容是自己进行选择的，学习策略是自己进行调节的，学习时间是自己管理和计划的，那么，学生就能主动地营造有利于学习的物质与社会条件，并且能够对学习结果进行评价和判断，相应地，其学习也就具有自主性。

2.纵向层面

纵向层面的自主学习是基于学习的完整过程对自主学习实质进行的阐释。假如学生在学习活动前就能确定具体的学习目标，制订相应的学习计划，并做好充分的准备，那么，其在具体的学习活动中就能够很好地对其学习策略、学习方法等进行自我监控、自我调节和自我反馈。并且，还能在学习活动后，对学习结果进行自我总结、自我检查、自我评价甚至自我补救等，相应地，其学习就具有充分的自主性特点。

（二）自主学习的意义

1.弥补学生之间的差距

学生学习能力之间存在较大差异，学生对新知识的掌握速度不同，在学习方面的擅长点也不同。而借助于自主学习，学生能够很好地弥补学生间、个人间的差距。借助于自主学习这一模式在成绩上能够追上大部分差距，自主性较强的学生能够通过有效的学习方法，并且通过自我调节来提升学习成绩，而且成绩会高于自主性较差的学生。

2.增强学生个体的学习意志

学习意志指人的主观能动性在学习上的突出表现形式，学习意志对学生个体的学习具有调节、保障作用。在高校学生中开展自主学习，能够使学生产生内在的求知欲和驱动力，并支配学生个体进行持之以恒的学习，表现出意志的坚韧性。诸多实践充分证明，学生在自主学习的过程中，能够不断地尝试运用各种策略逐个解决在学习中遇到的困难、提升学习体验和能力，因此其学习的意志也会日益强化。

3.实现外语教学目标

现代教育目标在逐渐倾向于培养人的全面能力，未来的社会是一个不断学习的社会，一个要求人们必须终身受教育、不断自我发展与提高才能适应生存的社会。因而，当代的高校也必须肩负起培养学生的自主学习能力的责任，使学生通过自主学习，走向未来社会，并能够对人际关系进行妥善处理，也要注重培养高校学生的团队合作精神。高校英语的教学目标是培养学生的英语综合应用能力,特别是听说能力。同时增强学生的自主学习能力,提高学生的综合文化素养,以适应我国经济发展和国际交流的需要。为了实现这一目标,高校英语教学将改变原有的讲授式教学模式,培养学生的自主学习意识。在新的教学模式下,教师的首要任务就是培养学生的自主学习能力。

4.建立终身教育体系

迅速发展的科学技术以及不断提高的职业要求使人们逐渐认识到在学校学到的东西已经无法适应时代的变化,只有不断进行自主学习,完善自身,才能更好地实现人生价值。因此,自主学习是个人终身教育的需要。终身教育体系不仅打破了将人生分为学习和工作两个阶段的传统观念,也打破了传统学校教育体系的封闭性和终极性,使教育成为人们终身的活动,成为工作、生活甚至生命的重要组成部分。学生一旦具有终身学习的意识和自主学习的能力,将能更好地应对不断变化发展的时代。

(三)自主学习的特点

自主学习主要具有以下几方面特点:

1.独立性特点

独立性是自主学习的基础和前提,是学习主体内在的本质特性,是每个学习主体普遍具有的。它不仅体现在学习活动的各个方面,而且贯穿学习过程的始终。因此,独立性又是"自主学习"的灵魂。具体而言,自主学习的自立性体现在以下方面:

第一,每个学习主体都具有"天赋"的学习潜能和一定的独立能力,能够依靠自己解决学习过程中的"障碍",从而获取知识。

第二,每个学习主体都具有自我独立的心理认知系统,学习是其对外界刺激信息独立分析、思考的结果,具有自己的独特方式和特殊意义。

第三,每个学习主体都是相对独立的人,学习是学习主体"自己的"事、"自己的"行为,是任何人不能代替、不可替代的。

第四，每个学习主体都具有求得自我独立的欲望，是其获得独立自主性的内在根据和动力。

2.开放性特点

在自主学习中，学习主体变为学习的中心。其由知识的被动接受者变为积极主动的学习者。在自主学习模式中，通过教师的指导，使学生能够对学习进行独立的探索，学生在这种模式下按照自己的方式学习英语。由于角色的转变，学生学习的能动性逐渐增强，会自觉地在学习中运用英语知识、技能解决实际问题。

3.自律性特点

自律性就是学习主体对自己学习的自我约束性或规范性，它表现为自觉地学习，主要包含以下方面：

第一，自觉性是学习主体的觉醒，是学习主体对自己的学习要求、目的、行为、意义的充分觉醒。它规范、约束学习主体的学习行为。它在行为域中表现为主动性和积极性。因此，自律学习也就是一种主动、积极的学习。主动性和积极性来自自觉性。只有学习主体自觉到自己学习的目标意义，才能使自己的学习处于主动、积极的状态；只有学习主体主动积极地学习，才能充分激发自己的学习潜能和聪明才智，确保目标的实现。

第二，自律学习体现了学习主体清醒的责任感，它确保学习主体积极主动地探索、选择信息，以及建构、创造知识。

4.自为性特点

自为性是独立性的体现和展开，它包括学习的自我探索性、自我选择性、自我建构性和自我创造性四个层面。

（1）自我探索性

自我探索性建立在好奇心的基础上，是学习主体基于好奇心所引发的对事物、环境、事件等自我求知的过程。它不仅表现在学习主体对事物、事件的直接认识上，还表现在对"文本"知识的学习上。文本知识是前人对客观事物的认知,并非学习主体的直接认识。因此,对"文本"知识的学习实际上也是探索性的学习。通过自我探索而求知、认知,这是学习主体主动获取知识的方式之一。

(2) 自我选择性

自我选择性是指学习主体在探索中对信息的由己注意性。外部信息只有经学习主体的选择才能被纳入认知领域;选择是由于被注意,只有经学习主体注意的信息才能被选择,继而被认知。因此,学习是从学习主体对信息的注意开始的。而一种信息要引起注意,主要是由于它与学习主体的内在需求保持一致。由内在需求引起的对信息选择的注意,对头脑中长时记忆信息的选择提取运用从而发生的选择性学习,是自为学习的重要表现。

(3) 自我建构性

自我建构性是学习主体在学习过程中自己建构知识的过程。在这一过程中,由选择性注意所提供的新信息、新知识,是学习的对象。对这一对象的学习必须以学习主体原有的经验和认知结构为前提,而从头脑中选择提取的信息是学习新信息、新知识的基础。这两种信息经由学习主体的思维加工而发生了新旧知识的整合和同化,使原有的知识得到充实、升华,进而构建新的知识系统。因此,建构知识既是对新信息、新知识的建构,又包含了对原有经验和知识的改造和重组。

(4) 自我创造性

自我创造性是指学习主体在建构知识的基础上,创造出能够指导实践并满足自己需求的实践理念模型。它是学习自为性更重要、更高层次的表现。这种实践理念及模式,是学习主体根据对事物发展的客观规律、对事物真理的超前认识、对其自身强烈而明确的内在需求,从而进行创造性思维的结果。建构知识是对真理的认识,是对原有知识的超越;而实践理念模式是以现有真理性知识为基础,并超越了它。这种超前认识是由明确的目标而引导的创造性思维活动,在这种活动中,学习主体头脑中的记忆信息库被充分调动起来,信息被充分激活,知识系统被充分组织起来,使学习主体的目标价值得到了充分显现。

从探索到选择，到建构，再到创造的过程，基本上映射了学习主体学习、掌握知识的一般过程，也大致反映出其成长的一般过程。从这个意义上看，自为学习本质上就是学习主体自我生成、实现、发展知识的过程。

（四）自主学习的因素

影响自主学习的内在因素包括智力因素与非智力因素两个方面。智力因素一般指观察力、记忆力、思维力、想象力和注意力，而且其中的每一种能力都有其独特的作用。非智力因素是指动机、态度、兴趣、情感、意志、性格等。

1.影响自主学习的内在因素

（1）智力因素

智力因素是自主学习的前提和基础。这里的智力因素主要指语能，也就是语言智商。语能作为智力的一部分，是个体一种特殊的语言认知能力，语言的认知能力包含以下四方面：第一，语音编码能力，可以使人形成语音与符号之间的相互联系从而辨别不同的语音，同时形成记忆；第二，语法敏感能力，可以使人辨认词在句子中的具体语法功能；第三，语言学习归纳能力，可以使人通过例句来归纳语言的运用规则；第四，语言记忆能力，可以使人在文字与意义之间形成有效联系，同时进行记忆。

（2）非智力因素

非智力因素包含以下方面：

①学习态度

学习态度指学生对自己在学习中的责任的认识。在英语学习过程中，如果学生的学习态度不佳，那么就无法开展自主学习。这是因为只有在学生自愿负责自己的学习时，学习效率才会高。下面具体分析学生对语言本质、归因、自我效能感三方面应持有的态度：

第一，语言本质。从语言本身的结构看，所有语言都是由语音、词汇、语法三部分构成。但交际功能是语言的重要属性，如果只把英语学习放在英语语音、词汇和语法的学习上，只看重对语言基础知识的学习，忽略语言的社会功能，语言学习就没有明显意义。因此，学习语言不仅要学习语言本身，更要学习对语言的使用，了解语言作为交际手段在社会交往中的作用。

第二，归因。归因指学生对自己学习成败所进行的原因解释。学生学习的影响因素主要有以下方面：一是学习能力，指学生内在的、不可控制的一种不稳定因素；二是努力程度，指学生自身具备的、可控制的一种稳定因素；三是任务难度，指外在的、可控制的且具备稳定性的因素；四是运气大小，指外在的、难以控制的且具备不稳定性的因素。归因不同，对学生的学习动机所产生的影响也不同。通常而言，学生把自己的学业失败归因于外部不可控制的因素，如自身能力不足、任务难度过大，就会影响其学习的自主性；如果学生把自己的学习成功归因于能力，把学习失败归因于努力不够，就更容易激发其进行自主学习。如果学生倾向于把自己的学业成败归因于可以弥补或纠正的原因，这种归因就可以引发学生积极的自我反应，促进学生进行自主学习。

第三，自我效能感。自我效能感是指个体相信自己有能力完成某种或某类任务，是个体的能力和自信心在某些活动中的具体体现。自我效能感通常在以下方面影响学生的自主学习进程：一是对学生学习任务的选择产生影响；二是对学生学习目标的设定产生影响；三是对学生运用学习策略产生影响；四是对学生在学习任务过程中感到紧张、焦虑时产生影响；五是对学生为学习任务进行努力和面对困难时的坚持程度产生影响。学生在使用元认知策略进行自我学习调节时与自我效能有着密切关系，通过提高自我效能感能增加学生对认知策略的应用。自我效能感较高的学生使用的自主学习策略更为有效，自我效能感通过目标设置等具体的学习过程来影响学生的自我学习动机，提高学生的自我效能水平可以在很大程度上促进学生进行自主学习。

②学习动机

学习动机是由对象目标引导、激发和维持学习活动的内在心理过程或内部动力。大量研究证实，学习动机与学习成绩关系紧密。学习动机是影响第二语言学习和外语学习速度和成功的主要因素之一。学习动机分为两种类型：第一，融入型动机，指学生内在的、更加持久的语言学习动机。具有这种动机的学生喜欢并欣赏所学的语言以及与所学语言相联系的文化，希望自己能够掌握和自由运用该语言，更希望自己能像目标语社会的一名成员，并且能为目标语社会所接受。第二，工具型动机，指学生将目标语看作一种工具，希望掌握目标语后能给自己带来便捷。这种学习动机具有"无持久性"和"有选择性"的特点。因为学生将外语作为一种获得其他利益的工具，有一定的局限性，在一定程度上影响学生，从而很难达到真正意义上的语言学习效果。目前，我国的高校英语教学中，大部分学生学习英语的动机为"工具型动机"，如大部分高校学生学习英语的动机是通过英语四、六级考试。

另外，一旦学习动机形成，就会对学生产生一定的指导作用，如指导学生用主动积极的态度去学习、对学习表现出浓厚的兴趣、上课能集中注意力去学习知识等，同时会使学生产生动力，使他们能够保持在学习过程中的注意状态、兴趣水平，在遇到困难时有克服困难的意志力。同时，学习动机与学习态度也是密切相关的。如果学生学习动机明确，学习态度认真，他们就会积极地为自己创造良好的学习条件和学习氛围。学习动机提供英语学习的主要动力并促使学习过程持续下去。任何影响学生学习积极性的因素，都是通过学习动机这一媒介对学习活动发生作用的。可见，学习动机是推动学生学习的内驱力。

③学习能力

许多学生虽然愿意为自己的英语学习负责，但是由于自身缺乏真正的自主学习能力而无法担起这种责任。通常而言，学习能力包括如下方面：第一，制定并根据学习情况及时调整学习目标，使其合理化；第二，判断学习材料、学习活动与学习目标是否相符的能力；第三，对学习材料、内容的选择能力；第四，对学习活动方式、自我设计学习活动方式以及执行学习活动的选择能力；第五，与其他人（教师或同学）进行协商的能力；第六，对学习活动实施情况的监控能力；第七，对学习态度、学习动机等因素的调整能力；第八，对学习结果的评估能力。

④学习风格

学习风格是指在长期学习过程中逐渐形成的具有鲜明个性的、经常的、稳定的行为，其实质是学生喜欢的或经常使用的学习策略、学习方式或倾向。人们的学习过程以及学习方法往往存在很大差异，每个人都有自己习惯的学习方式。学生对于外部世界信息的感知主要通过三种感官来实现：第一，视觉型的学生习惯用眼睛学习，其对于视觉感知的信息比较敏感，对于以图片等形式展现的东西具有很好的理解能力；第二，听觉型的学生喜欢用耳朵学习，他们善于通过"听"来接收信息，他们喜欢通过听录音带、听报告、听对话等方式获取信息，在课堂上，听觉型学生能轻松地听懂教师的口头讲授；第三，动觉型的学生喜欢通过实践和直接经验来学习，他们喜欢参与和亲身体验活动，对于那些通过亲身体验来学习的活动具有较大的兴趣。对教师而言，了解学生的学习风格有助于他们了解学生、激励学生、帮助学生。对学生而言，了解自己的学习风格有助于他们将注意力集中到学习过程中，使他们注意吸取他人的经验，借鉴他人好的学习方法，不断改进原有的学习方法，进而不断激发自己的潜能，提高学习质量。

⑤学习策略

学习策略的有效运用是自主学习的有效保证，现代认知心理学一般将学习策略分为两个方面：第一，认知策略是指个体对外部信息的加工的方法，是个体为了提高自己的认知操作水平而采用的各种程序和方法。认知策略分为一般性认知策略和具体性认知策略。一般性认知策略适合任何学科的学习；具体性认知策略适合特定的学习内容。这两种认知策略都是学生自主学习时必须具备的。第二，元认知策略关系到个体如何选择、应用和监控其所建构的认知策略，主要包括自我指导策略、自我监控策略、自我评价策略等。

2.影响自主学习的外在影响因素

除了受内在因素的影响，自主学习还受外在因素的影响，包括教师、同伴、学习环境以及社会环境。

（1）教师的影响

作为课堂活动的重要组织者，教师在教学中对学生的学习起着不可忽视的作用。学生的学习过程会受到教师教学方法、教学理念的影响，同样，教师在教学过程中对学生在学习方法、学习策略方面的支持和指导越多，学生从教师的教学中得到的启发就越多。想要提高学生的自主学习能力，教师自己首先要有自主意识，只有教师在教学中向学生渗透自主学习的理念，学生才能逐步实现学习的独立性和自主性。

自主学习并不代表在教学中给予学生绝对的自由，教师对于课堂的监督和维持作用是一直存在的，教师仍需要对整个学习过程进行监督，使学生的自主学习有效地进行。此外，教师可以通过策略训练来促进学生进行自主学习。教师通过问卷调查等方式对学生的学习情况进行全面了解，然后根据其具体情况制定相应的学习目标和计划。学生可以选择适合自己的学习方法。教师在教学过程中加强对学生学习的监控和监督，使学生的自主学习顺利进行。

（2）同伴的影响

虽然自主学习主张学生独立思考、独立完成学习，但这并不意味着学习是完全独立的。同伴之间的协商、合作对于自主学习也十分必要，能有效促进学生进行自主学习。同伴对学生进行自主学习的影响主要体现在两个方面：第一，同伴的自主学习对学生有榜样示范的作用，学生在学习过程中会不断地与同伴的知识水平进行对比，同伴能为学生的学习带来动力；第二，学生对自身自主学习能力的评估受到同伴的自主学习行为和学习成绩的影响，学生对自己自主学习能力的评估经常以同伴的能力和成就为参照，因此同伴的能力水平对学生的自主学习能力具有一定影响。

（3）学习环境的影响

自主学习的进行不可能脱离一定的学习环境，因此不可避免地受到学习环境的影响。良好的学习环境和丰富的辅助资源是自主学习获得成功的一个重要条件。显然，良好的学习环境（如适宜的学习场所、各种学习设施、丰富的图书资料以及易获得的学业帮助等）有利于学生进行自主学习。

（4）社会环境的影响

社会环境包括文化环境和人际关系两方面因素。

①文化环境

文化环境因素始终存在于英语学习的背后，文化环境对学生的行为、学习价值观、思维习惯以及态度有着重大的影响，直接影响其自主学习效果。

以我国学生的英语学习为例，在目前的中国文化氛围里，英语教学往往过分注重知识的传授，而忽视对科学精神与方法的培养；注重应试教育，忽视对学生的主动性、创新性和创新能力的培养；重视背诵，缺乏对学生个性特点和自信心的培养；强调律己、独思，缺乏对合作意识的培养。以上种种环境，使我国学生自主学习的意识不强，缺乏主体意识。

现代英语教学模式从以教师为中心转移到以学生为中心，学生要适应这种转变，对自己的学习负责任，有意识地提高自主学习的能力，变被动学习为主动学习。同时，教师要积极创造一种新的英语学习文化氛围。教师要有意识地培养学生的团队精神，使学生认识到在一个团体里，每一个成员都要发挥其自身的价值，整体的力量大于个体，相互促进、相互配合、相互竞争、相互信任，以改善学习气氛，提高学习效率。

②人际关系

英语课堂中的人际关系主要包括师生关系、生生关系。一方面，良好的师生关系、生生关系可以降低学生在学习过程中的焦虑感、紧张情绪；另一方面，良好的师生关系、生生关系可以营造良好的自主学习环境。当师生之间、生生之间形成了融洽、和谐的关系时，学生在学习中具有情绪的安全感时，其自主学习的意识就会逐渐增强。

对此，教师在教学中要努力营造轻松、和谐的课堂氛围，建立友好的师生和生生关系，使学生乐于参与课堂活动，积极参与合作学习，最终获得自主学习的能力。

（五）自主学习的实施

在高校英语教学中，自主学习的实施可从以下方面着手：

1.教师角色转变

要想培养学生的自主学习能力，教师要转变原有的观念，将学生视为学习活动的主体，积极引导学生进行自主学习。教师先要将学生视为学习的主体，尊重学生的个体差异，尊重学生的人格，鼓励学生多角度地思考问题，营造一种和谐平等的课堂气氛，使学生主动投入到英语知识学习和英语交际中去。

2.明确教学目标

在信息化时代下，要想学生有效地进行自主学习，而不沉迷于网络，需要明确教学目标，使学生了解学习的目的，端正学习的态度，树立终身学习的理念。在传统的英语教学中，教学目标一般由教师或学校来制定，学生基本不参与，没有太多的自主性，学生对教学目标的了解知之甚少，往往教师在课堂上教授什么知识，学生就学习什么知识。在这样的教学模式下，学生的自主学习意识往往较为薄弱。而在信息时代背景下，教师应让学生在开始自主学习之前明确自己的学习目标。具体而言，教师应做到以下方面：

第一，让学生参与学习目标的制定。学生参与教学目标的制定不但可以提高教学目标制定的合理性，还会增强学生的自主意识和责任感，使学生感受到自己在教学过程中的重要性，同时又有助于学生根据教学目标的变化，随时调整自己的学习方法和策略，提高其自主学习能力。

第二，让学生了解每个单元、每节课的具体目标，使学生的学习更具有针对性和指向性。

3.优化自主学习资源

丰富而多样化的学习资源对学生的自主学习十分有利。具体来看，学校应优化学习资源，配备现代化的多媒体网络平台或建立自主语言学习中心，组织自主性的学习活动，全面开放实验室、图书馆、自习室、实践基地等，尽量满足学生的需求，为学生提供个性化服务，从而使学生在开放的氛围中与教师进行沟通交流，激发学生的学习兴趣，增强学生的自主学习效果。

4.营造自主学习的氛围

在信息化时代背景下,科技的发展使得网络、多媒体等现代技术在英语教学中得到普遍应用,这些都为学生进行自主学习提供了便利的条件。例如,学生可以在安静的环境中利用现代技术设备进行语言的专项训练;通过网络浏览英语文献资料或与人进行交流等。教师可以充分利用网络、多媒体为学生营造良好的自主学习氛围,激发学生的求知欲望,增强教学效果。具体而言,教师可以根据网络、多媒体的多种功能为学生提供各种获取英语信息和实践的机会,为学生提供全方位的学习途径,以满足不同学生的不同学习需求。教师还可以向学生介绍一些优秀的学习网站,帮助学生提高其自主学习能力。

5.激发学生自主学习的兴趣

兴趣是学习的内在推动力,设计能够激发学生兴趣的学习活动,对于培养学生的自主学习能力十分有利。在传统的英语教学中,学生是被动的接受者,学生的兴趣常常被忽视,而在自主学习中,学生是学习活动的主体,是知识的主动构造者,学生的学习兴趣受到了重视。为了更好地激发学生自主学习的兴趣,教师需要做到以下方面:

(1)进行需求分析

教师先要对学生进行需求分析,然后根据不同学生的需求帮助他们确定学习目标并制订学习计划,为了更好地适应学生的学习计划,教师还应该根据需要对自己的教学进行调整和改进。

(2)尊重学生的个性差异

学生的个体差异性使得他们在学习水平、学习风格、学习方法等方面存在差异,教师要承认并尊重学生的这些差异,让学生自主选择学习内容,培养学生的自主学习能力。

(3)仔细观察学生的反应

在自主学习过程中,教师要仔细观察学生学习目标的制定情况、自主学习的适应性及在语言方面的进展情况等,了解学生一系列的反应,并根据学生的反映情况及时调整教学计划或提供帮助,及时解决问题。

6.训练学生自主学习的技能

学生进行自主学习需要一定的技能,所以教师在英语教学过程中要注意对学生自主学习技能的训练,要多与学生沟通,了解学生的需求,根据学生各自的特点为学生制定切实可行的学习目标,帮助学生掌握自主学习的技能。在学生的自主学习过程中,教师的主要职责是指导和训练学生对学习策略的掌握和运用。例如,教师可以向学生介绍一些基本的阅读技巧,为学生推荐适当的阅读材料,指导学生坚持写读书笔记,通过这样的方式训练学生在阅读方面的自主学习技能。

7.建立多元化的评价体系

对学生的自主学习进行评价,学生会发现自己在学习中存在的一些问题,从而对自己的学习进行调整。在信息化时代下,自主学习的评价应该多元化。首先,评价方法要做到多元化,评价时可利用档案袋、网络平台以及教师或同伴交流等方法。其次,教学类型要做到多元化,自主学习的评价可采用自我评价、同伴评价以及外部评价。

三、信息化时代高校英语的反思性学习

学习要在活动中进行建构,要求学生对自己的活动过程不断地反省、概括和抽象,因此反思对于学习而言必不可少。"反思"这一概念起源于拉丁文的 reflexion,它是从英文 re-flection 意译过来的,意思是"返回"。反思应该包含两个层面:第一,从教师角度而言,反思是教师在英语教学实践中,以自身表现及自身行为作为依据进行修正和解析,进而不断提高自身素质和教学水平的过程;第二,从学生角度而言,反思是以自己的学习活动作为思考对象,对自己所做出的决策、行为及结果进行分析和审视,是一种通过自身觉醒来促进自身能力发展的方式。

综合"反思"的含义,可知反思性学习是指学习主体(学生)借助自身发

展的逻辑推理技能及推敲判断的能力，对其自身进行剖析的过程。反思性学习的过程是元认知的过程，是对学习进行再学习的过程，同时是一个自我监控、自我调节、自我建构的过程。在反思性学习中，学生对学习内容进行有目的、有计划的规划和监控，并选择恰当的学习策略，从而获取较高的学习成果。之后，学生对该学习过程及结果进行反思和评价，检验其过程与结果是否达到了完善的层面。如果达到了学生的预期目标，则表示学习结果是比较好的，因此学生可以进行经验总结、方法提炼、探索优化，积极地获取该学习体验，为下一层次的学习做准备；如果未达到学生的预期目标，学生就需要对自己的学习结果进行调整和补救，以期在合适的时间重新开始新一轮的学习。

由此可见，反思性学习是一种循环的学习方式，在每一个相对应的周期内，个体之间具有内在的连贯性，并且对下一层次的学习方式起着重要的指向作用。在这一循环过程中，反思贯穿全过程。

（一）反思性学习的特点

与普通的学习方式相比，反思性学习方式有着鲜明的特征，具体体现在以下方面：

1. 探究性特点

反思性学习中的反思并不仅仅是对过去或以往知识的"回顾"或"回忆"，而是要找到在以往学习中遇到的问题，并寻求这些问题的答案。反思性学习的精华就在于：提出问题；对问题进行研究探讨；找到问题的解决办法。因此，反思性学习方式首先具有探究性的特点。

2. 自主性特点

在反思性学习过程中，学生是处于完全自主的状态的，学生通过自我认识、自我分析、自我评价等来获得自我体验，以学生的学习动机为基础，实现学生自身的愿意学以及坚持学。可见，反思性学习具有明显的自主性。

3. 创造性特点

反思性学习是一个积极的思维活动，通过反思，学生可以不断拓宽自己的思路，使自己的思维过程得以完善。反思是探索、发现以及再创造的过程。学生在反思的过程中举一反三，从而提高自身的英语素质。

4.发展性特点

运用反思性学习方式的目的是让学生能够学会学习。它主要关注两个结果，即直接结果与间接结果。反思性学习不仅要让学生完成英语学习的任务，还要求学生能够促进其自身理性思维的发展。这就体现了反思性学习的发展性特点。

（二）反思性学习的阶段分析

英语学习可以分为预习、学习和复习三个阶段。据此，可以将高校英语反思性学习分为三个阶段：学前反思、学中反思和学后反思。在各阶段中，反思的内容各有侧重。

1.学前反思

学前反思是对学习目标和与学习目标相关的内容加以反思，了解学习目的，同时制订合适的学习计划。例如，在预习词汇时，学生除了要对词汇进行读解和识记，还应查找其近义词、反义词以及相关词组，学会举一反三、融会贯通。通过查找相关资料，了解要学的内容需要解决什么问题，采取什么方法，哪些内容是重点、关键，等等。在反思的过程中，学生可以边阅读、边思考、边书写，标记内容的要点、层次、联系，写上自己的看法。在预习过程中，学生尤其要对异域文化进行反思。语言与文化密切相关，英语教学不仅是语言教学，更是文化教学。

2.学中反思

学中反思，即学生对学前反思的内容和教师课堂教学的内容和方法加以反思。具体而言，学生的学中反思通常包括以下情况：

（1）自己对教师教学目的与教学要求的了解情况。

（2）把教师的教学目的转化为自己的学习目的的情况。

（3）把教师的教学目的转化为自己的学习目的并以此为基础努力学习的重要性的情况。

（4）教师在课堂上采取某项教学活动提高学生语言能力意图的情况。

（5）课堂上是否能跟上教师教学进度的情况。

（6）预习时解决的问题与教师的讲解印证的情况。

（7）预习时未解决的问题在课中教师讲解的情况。

3.学后反思

学后反思，即学生在课后对自己的学习效果进行反思、评价和监控。具体而言，学后反思主要包括以下方面：

（1）对学习策略的了解情况。

（2）是否有意识使用有效听力策略、交际策略、阅读策略和写作策略以及对这几种策略的监控情况。

（3）在课外学习英语、运用英语的情况。

（4）对不利于英语学习的情感因素进行克服的情况。

（5）利用已有学习资源的情况。

（6）将新学的知识运用于语言实践中的情况。

（7）与他人合作学习的情况。

（8）在英语学习中能否意识到自身错误的情况。

（9）在意识到错误的同时能否找到原因，并对错误进行相应更正的情况。

（10）能否选择行之有效的学习途径使自己成为一个更好的语言学习者。

（11）在完成某项语言任务过程中能否同步检测自己预先制定计划完成的情况。

（12）在完成某项语言任务过程中能否检查并更新自己对前面知识理解的情况。

（三）反思性学习的实施步骤

反思性学习的实施可通过以下步骤来完成：

1. 规划与监控

在反思性学习中，学生首先要对自己的英语学习进行规划，即通过审视自己的学习目的、内容、方式及其环境来制订适合自己的学习计划，并且保证该计划符合自己的学习方式。此后，学生开始进行学习。但在学习的开始，学生就要对自己的学习进行严格的监控和调节，并对自己的学习计划进行反思，建立一个良好的开端。然而，计划与真实的学习行为之间存在一定差距，只有进行了预先的计划，学生才能有明确的方向，但是能否将计划付诸行动就需要使用切实可行的学习方式，更需要强有力的监督机制。

2. 反思与评价

在一段时间的学习后，学生必然会取得一定的学习成果。从传统意义上而言，该学习过程已经结束。但是对于反思性学习而言，这其实才刚刚进入第二个阶段。这是因为在反思性学习过程中，学生关注的不仅是学习结果，还包含整个学习过程。通过对学习结果与过程进行反思，学生可以找出问题所在，具体包含以下步骤：

第一，学生具有问题意识，就会在内心产生一种困惑、怀疑的感受，并有决心试图对其进行改变。

第二，当学生意识到问题之后，就会主动进行反思，并找出产生问题的原因。

第三，学生广泛收集关于自己活动的信息，并分析与之相关的经验，用批判的眼光来加以审视。通过分析，学生可以发现产生这些问题的原因，并及时进行记录。

第四，找出产生问题的原因之后，学生要寻求解决的方法，发现更有效的学习策略。

第五，学生对这些经验和教训进行总结，寻求补救的措施。

3. 调节与补救

当学生通过自我反思和自我评价发现自己的学习过程和学习结果仍存在明显的不完善之处后，就需要对这些不完善的地方进行调整。根据反思所得到的分析资料以及提出的补救措施,重新调整自己的学习计划,并制定更具有针对性的学习方法和策略。当对这些问题进行改进后,才能进入下一环节的学习。

4.建构与发展

在自我建构的过程中,学生体验到了成功的喜悦,不断总结经验、深化拓展,构建新的知识结构,有利于促进其自身的发展。

第四节 信息化时代高校英语教学评价创新

一、信息化时代高校英语教学的档案评价法

建立学生档案是目前最受教育研究者青睐的一种教学评价方式,也是形成性评价的一种重要方式。学生档案犹如学生的信用,对学生在学校期间的表现甚至对学生毕业以后的发展都有着重要的影响。

(一)学生学习档案的形式

档案是组织或个人在以往的社会实践中直接形成的清晰的、确定的、具有完整记录作用的固化信息。学生的档案是涉及学生学习情况的档案,它是根据教育教学目标,有意识地将各种有关学生表现的作品及其他证据收集起来,并进行合理的分析与解释,反映学生在学习过程中的优势和不足,并通过学生的反思与改进,促使学生取得更高的学习成就。作为对学生进行评价的一个重要工具,档案评价可以将课程与教学同评价结合起来,融入日常的教学活动中。学生的学习档案袋一般有以下两种形式:

第一,课堂记录卡。课堂记录卡可将在课堂中发生的事情如实记录下来,客观地描述学生在课堂上的表现,一般由学生自己填写,并标明具体时间,然

后收集在学生档案袋里。课堂记录卡收录的主要内容是学生在课堂学习中的情况，它可以帮助学生及时了解自身的学习过程和学习方式。

第二，个人作品档案袋。作为学生档案的另一种表现形式，个人作品档案袋可以收录学生在学习过程中通过各种形式的实践活动所获得的成就，以便师生及时了解。作品档案袋的内容灵活多样，可以是学生撰写的优秀小论文、获奖证书，也可以是他人的评价以及自我评价结果等。此外，还可以将学生录音、照片、与同学的合作项目等收录到个人作品档案袋中。

（二）收集学生档案的方式

学习档案材料的收集方式有以下两种：

1.制订总计划

教师首先应该在新学期的开始阶段制订一个总计划，例如，使用学生学习档案的最终目的是什么，要收集哪些材料以及由谁来收集。明确这些问题后，收集资料的活动就会变得容易很多。收集资料是一个漫长的过程，教师要培养学生的学习习惯，收集他们所有与学习有关的东西，并收录在学生学习档案中。

2.确定收集资料

制作学生学习档案时，收集资料的困难在于选择收集哪些资料。因此，学生应该先学会如何整理挑选出合适的资料放进自己的学习档案中，通常教师会以学生的口头讨论开始。学生进行口头讨论时，教师要将学生提出的问题进行归纳总结，然后学生参照教师所提供的优秀作业的标准和样本进行讨论，并反思自己的作业。当学生掌握用现成的标准去评价自己的作业后，再对其进行反思，有助于学生从评价中学习，了解自身的优点和不足。同时，教师也能知道学生对自己作业的看法，教师应及时提示与引导学生，以避免学生对自己的作业产生误解。当学生有能力判断他们的作品并且收集一定数量的作品后，他们就可以将挑选出来的作品收集到自己的学习档案中。如果要学生建立一个写作档案，就需要选择如下项目：

第一，一篇重要的文章，并说明选择这篇作品的原因以及完成的过程和感受。

第二，一篇满意的文章和一篇不满意的文章，并说明对这两篇文章的思考，如果学生愿意还可以再加上对不满意作品的改进意见。

第三，一篇文章的写作过程。

第四，随便选一篇文章以及选择它的理由。

（三）制作学习档案的方法

学生的学习档案可以帮助学生清楚地看到自己在学习方面的进步与不足，从而增强学生的自主学习意识。学生在学习过程中应不断总结经验教训，以不断完善自身的学习方法，提高自身的学习效率。学习档案的制作方法包含以下方面：

1.读书笔记的制作方法

读书笔记是学生对所读书籍、文章的随时记录，坚持记录读书笔记有助于学生养成认真思考的习惯。在教学过程中，教师可以鼓励学生就所读内容发表看法。这不仅有助于学生了解文章、书籍的内容，培养良好的读书习惯，同时也有助于锻炼学生的写作能力。

2.阅读/写作档案的制作方法

每份档案都应包括要求的项目、任意选择的项目以及评论。

3.学生学习档案总结表的制作方法

学生学习档案总结表上通常包括：学生姓名；教师姓名；日期；学校名称；要求的项目，例如阅读范例、阅读策略/写作范例、学生自评等；任选项目，例如所读书单、内容摘要和评论、阅读成绩等。

（四）学生学习档案的评价

完成学生学习档案的制作以后，应检查学生所选项目是否符合档案要求，并对其进行评价。教师可以利用学习档案评价表评价学生的成长学习记录，检查学生所选项目是否符合学生成长记录档案的要求，并对其做出评价。此外，在评价学生学习档案时应注意以下方面：档案是否整洁易读；档案中是否有具体范例；档案中材料的组织是否合理；档案中的材料是否清楚明了；档案是否能够体现不同课程之间的联系；档案的具体内容是否能够清晰、全面地反映学生在某一个阶段的学习成果。

二、信息化时代高校英语教学的自我评价法

自我评价主要指学生的自我评价，这种方法鼓励学生为自己的学习负责，勇于对学习过程中出现的问题进行思考，直观地看到自己取得的成绩以及需要提高的地方。教师通过与学生讨论他们的自评实施的过程与结果，可以使学生对学习成果有深入的了解，也能使学生对自我学习情况有清楚的认识。学生的自我评价有以下三种形式：

（一）学生自评表

学生自评表的运用对提高教学评价的效率起着促进作用，而且操作起来也比较方便、省时，只需在课堂教学活动结束时发给学生即可。自我评价表是终结性评价的重要手段，它能够检测出学生在一段时间学习后的学习效果，为日后的学习指明方向。

（二）自我学习监控表

自我学习监控表主要用于监控学生的学习行为，而且在英语教学的任何一个单元的学习过程中，都可以使用该方法。自我学习监控表的操作步骤如下：

1.介绍使用方法

学习监控表在使用前，教师应该向学生介绍该方法的用途和操作方式，也可以在每一个单元学习之前都对该表的使用方法进行介绍，以确保学生有效地

对其进行应用。

2.设置完成目标

在开始学习一个单元之前,学生首先根据自己的实际情况自行选择想达到的等级,在活动栏中标明自己需要完成的活动,需要注意的是,首先,学生在制订计划时,一定要保证这些活动能为他们取得足够的分数;其次,学生在学习过程中参照预先制定的目标,在活动的过程中及时标注进度,这样可以为今后的学习行为调整做参考;最后,学习监控表中的目标完成的过程是学生的自主行为,教师需要做的是时常提醒学生检查自己目标完成的情况,为学生调整下一步的行为提出适当的建议并进行相应的指导。

(三)自我提问单

自我提问单可以使学生养成自主学习的好习惯,同时还可以监督学生对各种学习策略的使用情况。

三、信息化时代高校英语教学的同伴评价法

在同伴评价中,沟通技能和合作技能对评价的结果影响很大。在采用这一评价方式时,教师需要采取一定的策略来落实,因为学生之间彼此信任和真诚的互相评价需要通过长时间的培养才能实现。但是同伴评价也并不一定要操作得很复杂,可以通过简单的活动来实施。例如,设计活动让学生分组来完成一项任务,鼓励每个成员都积极参与,发挥自己的聪明才智,共同完成任务;在活动结束后,作为成员,都要对自己和他人的贡献做出评价。当然,这种评价并不是盲目进行的,有时也要遵循一定的规则,例如,大家根据事实谈自己的观点或发表评论,并非完全根据个人主观偏见来评论。例如,让五个学生评价某个学生,每一个评价者都要为某个学生的课堂表现写评语,在评价时规定要把重点放在学生的优点以及改进的建议上;被评价的学生将根据同学和教师的

评语进行反思,并写总结以确定自己的改进目标。

当一段学习结束之后,通过同伴评价,学生之间可以交流学习经验,沟通学习上的不足。同伴评价式的终结性评价同时也是培养班级凝聚力的重要方式。

四、信息化时代高校英语教学的研讨评价法

研讨评价法将学生参与课堂活动的表现纳入其表现评价的内容中,根本目的在于让学生学会更有效地思考,并为自己的见解提供证据,它体现了课程、教学与评价的整合。

研讨评价法的实施方式有很多,它既可以成为学生学业的展示,也可以成为课堂评价的一部分,还可以成为结业作业的展示。无论采用哪种方式,教师都必须明确设计一套巧妙的问题和合理的评价准则。研讨式评价对教师所提出的问题以及教师本身有着较高的要求,因此这种评价方法目前主要适用于对学生学业成绩的评价。研讨式评价的操作步骤是:第一,明确教学目标;第二,选定研讨采用的文本;第三,教师提出起始问题;第四,选择记录研讨过程的方式或设计简明的记录表;第五,以多种方式完成评价。

研讨评价法是一种有效的评价方法,它提供了课程和教学改革的一个新思路,即把课程、教学和评价结合成为一个有机整体,这种思路也是当前其他各种性质的评价方法的一个共同的发展趋势。

五、信息化时代高校英语教学的其他常见评价法

上述方法主要是针对学生的表现进行评价,还有在高校英语教学评价中其他常用的方法,部分方法可以用来评价学生,其他方法既可以用来评价学生,也可以用来评价教师。

（一）调查法

调查法既可以用于评价学生的学业，也可以用于评价教师的授课质量，其方式主要包括问卷和访谈。调查法适用于了解特定教师在一段时间内的教学情况，多用于专门鉴定教师综合教学水平的管理性评价。

（二）分析法

分析法是通过对教学工作进行定性分析来评价教师授课质量的，一般不设置专门的评价标准，而是依靠测评人员的学识和经验进行评价。分析法可以分为他评和自评两种方式，其评价结果以定性描述为主。

分析法的优点在于简便易行，能够突出主题或主要特征；不足之处在于容易受到主观因素的影响，规范性差。因此，分析法适合以改进教学工作为直接目的的日常教师授课评价，而不宜用于规范的管理型的教师授课质量评价。

（三）座谈法

座谈包括与学生的个别交谈和组织学生开展的学生会议。例如，在项目学习过程中，教师可以定期召开学生会议，通过小组汇报项目开展情况、小组讨论来完善项目操作。与一般的座谈不同的是，这种学生会议的目的不是了解学生的学习压力和困难，而是通过开展学生会议监控项目学习、评价项目学习，从而通过项目学习促进学生的发展。

（四）综合量表评价法

量表是一种比较有效的评价工具，量表的使用使评价更加公平、可靠，可以节约时间，发现学生的优势与不足。综合量表评价法可以用来评价教师的教学活动，它十分注重教学活动的具体分解、对信息化的处理和将标准进行统一，因而其是一种比较精细的数量化的评价方法。此外，它具有标准具体化、结果准确率高、评价人员主观干扰较少的特点。

综合量表评价法还可以用来评价学生。例如，写作评价量表既可以帮助学生反思自己的写作学习，又可以为教师安排下一次写作教学提供依据。

（五）电子化评价法

基于信息化开展的电子化评价是随着计算机和互联网技术的普及，逐渐发展起来的一种评价方法。由于计算机具有运算速度快、自动化程度高、信息吞吐量大的优点，所以将教学评价和信息化网络相结合具有很大的优势，例如，简化评价的操作，提高评价的效率和效度；使过程评价的理念得以贯彻落实，解决过程评价中出现的一系列问题，等等。信息化网络的普及为电子化教学评价的完善和发展起到了极大的促进作用。

第六章 信息化时代高校英语教学的实践研究

第一节 信息化时代线上线下混合式高校英语教学实践

提高学生的英语运用能力是高校英语教学的根本目标。但是从当前的实际情况来看，在现行的高校英语教学中还存在一定的问题，影响了学生的学习兴趣和课堂教学效果。针对这一问题，教师应该结合当前互联网时代的教育发展趋势，积极应用信息技术来促进高校英语教学的创新与改革，采取线上线下混合教学模式构建高效、有趣的现代化英语课堂，以此不断强化高校学生的英语能力，全面培养集技术、管理、服务于一身的高素质复合型人才。对此，高校英语教学也要全面迎合新时期要求，积极应用信息技术，结合实际需要适当地开展线上线下混合式教学，丰富课堂教学内容，帮助学生奠定良好的语言基础，不断提高学生的英语实践能力，保证学生能在今后的学习和工作中灵活运用信息技术，从而实现学生的全面发展。

一、线上线下混合式教学模式概述

线上线下混合式教学模式指的是通过信息技术的引入来促进网络教学和传统课堂教学的融合，该融合过程结合了两种教学方式的优势，通过彼此之间的互补来构建高效的现代化课堂。

线上线下混合式教学模式存在两个特点：一是强调培养学生个性化能力，

该教学模式坚持"以学生为中心",通过多样化的教学途径向学生推送个性化知识,充分满足不同学生的不同需求;二是注重培养学生的知识重构能力,立足于建构主义理论基础,将课堂教学分为线上教学和线下教学两个方面,主要包括知识讲解和知识内化、知识应用等环节,通过线上线下教学的结合促进了良好的课堂互动,强化了学生对于知识的理解与掌握。

二、在高校英语教学中应用线上线下混合式教学的必要性

随着信息技术的不断发展,现代化教育模式得到了广泛应用,信息技术在课堂教学中的应用尤为重要。实施线上线下混合模式教学,可以丰富教学内容,有助于对重难点知识的突破,促进学生进行自主学习,有助于提高学生的独立学习能力。

教师利用线上线下混合式教学可以引入英文电影、英文演讲视频以及英文歌曲等元素,有助于激发学生积极主动学习的兴趣,调动学生的主观能动性;在此过程中、教师还可以进行引导性的教学,让学生通过角色扮演再现电影中的经典情节,训练学生的口语能力和表达能力,新颖的教学资源可以带动课堂学习氛围,活跃课堂气氛。

线上线下混合式教学以信息技术与传统课堂的结合为基础,将各种各样的教学知识内容以不同的形式展现出来,运用多媒体设备营造良好的课堂氛围。在传统的教学模式中,教师采用板书的形式进行授课,不仅传授的知识内容有限,还减弱了学生学习的兴趣。而线上线下混合式教学可以将丰富多样的课外知识融入课件中,以图片或者视频的方式传授于学生,拓宽学生的知识面,丰富课堂内容。

三、信息化时代的线上线下混合式英语教学模式

（一）利用微课组织课前预习

课前预习环节在英语教学中发挥着重要作用，教师必须意识到这一环节的价值，然后结合教学内容和学生的实际情况做好课前预习阶段的设计，为后续的教学奠定良好基础。很多教师忽视了课前预习的开展，仅仅口头上告知学生进行自主预习，对学生的预习效果并不关心。这种错误的做法严重影响了课前预习的积极功能，失去了应有的意义和价值。

为了解决这一问题，新时期的高校英语教师必须转变教学观念，将信息技术灵活应用于课前预习过程中，结合教学内容制定相应的预习方案，以多媒体视频的形式发送给学生，向其阐明预习任务和预习目标。要求学生在线观看并自主完成预习任务，然后将预习结果在线反馈给教师，教师通过学生的预习情况来调整教学内容，并针对学生遇到的问题和困难进行有针对性的讲解。这样的课前预习有效促进了线上线下教学的深度融合，在很大程度上颠覆了传统的预习模式，不仅提前为学生展现了教学目标，也让学生通过在线预习的方式有效解决了一些基础性问题；不仅为后续学习奠定了基础，也强化了学生的自主学习能力。

（二）在课上实施情境教学

英语的学习需要从听、说、读、写等多个方面进行，同时还需要进行相关的人文素养的培养。在高校英语教学过程中教学环境至关重要。因此，教师可以利用多媒体在课堂中创设相应情境，让学生更加便捷地学习和掌握英语知识。教师通过多媒体技术的引入，在合理的时间范围内设计出新颖的视频短片或者相关图片，让学生在学习课文的过程中还可以了解相关的课外知识，有利于学生加深对课堂知识的理解，从而调动学生的积极性。

（三）创建翻转课堂模型

相较于传统教学模式而言，现代化教学具有很多优势，对此教师要意识到其中的特点，充分发挥信息技术的积极作用来推动英语课堂的发展，通过线上线下混合式教学模式来提高课堂教学质量，对翻转课堂的构建发挥着重要作用。从本质上而言，现代化教育技术具有很多强大的功能，包括图像、声音、视频、幻灯片等，对此教师在教学中完全可以将这些资源引入到课件的设计当中，并结合学生的实际情况从这两方面进行课堂教学设计。教师可通过建立翻转课堂的方式，利用多媒体来帮助学生获取知识，随后再组织学生通过线下讨论和交流的方式，实现对知识的吸收和内化。教师通过这种线上线下混合式教学的实施来丰富教学内容，创新教学模式。具体设计如下：首先，教师根据实际教学内容和学生的具体需要，提前制作相应的教学课件，并在其中预留相应的问题和任务；其次，组织学生自主观看视频，了解课件内容和知识要点，并完成学习任务；最后，教师布置相应的问题，组织学生以自主探究或者小组讨论的方式进行思考和分析，在全班进行学习效果的交流与展示，教师在过程中予以适当的总结和评价。

在学习新知识时，教师也可以提前制作微视频，并在其中引入相应的对话内容。教师可组织学生认真观看，总结对话中出现的词汇、语法等知识点，然后通过本课所学对视频中的对话内容进行复述和讲解，以此来了解课本中的知识内容。教师通过这两个环节的教学设计，实现线上线下混合式教学的落实与应用，不仅丰富了课堂教学内容，也在一定程度上提升了学生的语言素养。

（四）优化课后复习巩固

在课后复习巩固的过程中，教师也要通过线上线下混合式教学模式来进行巩固，通过制作相应的教学课件来补充和巩固课上教学，可以是阅读材料，也可以是音频、视频，让学生在课后自行下载进行复习。教师在拓宽学生视野的基础上，应增强学生对于课堂所学知识的理解和掌握，可以通过网络平台在线对学生的复习成果进行评价。通过这样的教学方式，不仅拓宽了教学空间，同时也让学生在课后巩固中实现了对知识的深度掌握，有助于强化学生的自主学习能力。

总而言之，从当前的时代发展来看，英语已经成为高素质人才的必备技能，因此高校的英语教学十分重要。在互联网迅速发展的时代，利用信息技术辅助英语教学是未来发展的重要方向，具有重要性和必然性。线上线下混合式教学让教学方法更趋于多层次和全方位，为学生创造了一个开放的、探索式的学习环境，有效弥补了传统教学模式的弊端，不仅丰富了教学内容，同时也提高了课堂教学质量。对此教师一定要重视起来，结合学生的实际情况优化教学设计，全面发挥现代化教育的积极作用，这样才能更好地提升学生的英语水平。

第二节 信息化时代高校英语教学中翻转课堂的实践研究

在信息化时代的背景下，翻转课堂等新型教育模式引起了教育界的广泛关注，其在英语课堂教学中，仍然发挥着不可忽视的作用。互联网与信息技术的飞速发展开启了信息化的新时代，这也使学习知识的过程发生了翻天覆地的变化，对全球的教育界产生了极大的影响。慕课、翻转课堂、直播课等新型的教学模式如雨后春笋般大量涌现出来，并在全球范围内得到了迅速推广。我国高校英语教学模式也紧跟时代潮流，将信息化体系与高校英语课程教学相融合。一般而言，翻转课堂主要分为课上师生讨论与课前学生自主学习两个环节，其主要是应用教学信息技术将知识的内化吸收和传授进行颠倒，与此同时，学生和教师角色互换，学生变成了课堂的主体。

翻转课堂主要有以下方面的特点：第一，简短高效的教学视频。一般而言，教学视频的时长控制在几分钟到 20 分钟之内，每个视频的内容都只针对一个问题进行讲解，具有较强的针对性。第二，清晰明确的教学信息。与传统的教学模式相比，新的教学模式不再采用教师主动讲授、学生被动听讲的方法，而是让师生在同一个平台上一起学习。第三，构建新的学习流程。通常情况下，学习的阶段主要包含信息的吸收和传递，信息的吸收主要是学生在课余时间通过自己的努力来完成对信息的理解，而信息的传递主要发生在学生与教师之间教学互动这一过程。然而，在翻转课堂中，学生会在课前独自完成信息传递的过程，而信息吸收的过程则是在课堂中实现的，这使教师的指导工作变得更加便捷。

在翻转课堂的教学实践中，教师应具备的基础能力包含以下方面：

第一，实践的具体操作是受教育观念所约束的，对于我国的教育体制，传统意义上，教师总是更注重分数，从而造成了传统的教学观念和教学模式。但采用了翻转课堂的教学模式就会改变固有的教学环境。

第二，培养高水平的信息化教育素养。在信息化时代的大背景下，各行各业都在朝着信息化转变，其主要体现在电子产品和各种软件的应用。然而，翻转课堂会应用到大量的电子产品以及各种软件，特别是在教学课件的设计上，因此，教师在这场信息化变革中，面临着巨大的挑战，在使用翻转课堂进行教学之前，需要其提高自身的信息化水平。

第三，找出翻转课堂的关键节点。应用者把推广翻转课堂的精力都应用在视频课件的制作上，然而，这实际上这是一个常规性的错误，教师要做到真正的因材施教，就应该把注意力重点放在课堂的对话和讨论中，视频固然是翻转课堂的焦点，但教师更应该注重课堂互动环节。

一、翻转课堂在高校信息化英语教学中的作用

第一，翻转课堂符合学生的个性发展。在高校的英语教学课堂中，学生的人数普遍较多，会出现几个班级一同上课的情况，传统的教学模式的缺点由此

暴露出来，即不能满足每一个学生的需求。在传统的教学模式中，教师处在主导地位，学生学到的知识，只是教师在课堂上所教授的，然而，学习能力较弱的学生，很难跟上教师的教学进度。教师使用翻转课堂模式进行教学，就可以让学生按照自己的需求，进行独立自主学习。学生对于不理解的问题，可以主动查找答案，进而加深其对知识的理解。与此同时，学生还可以在课前做好预习工作，从而在课堂上能够清晰地表达自己的主要观点。

第二，翻转课堂可以培养学生的自学能力。在传统的教学模式中，教师主要是为了完成教学任务，进而模式化地将知识传授给学生，但学生的理解程度只能通过教师布置的课后作业来检验。翻转课堂的教学模式是把传统的教学模式推翻，学生可以利用自己的课下时间，通过观看视频或者利用多媒体资源，随时随地地展开学习，同时，教师也可以有针对性地对学生所提出的问题进行解答，从而达到每个学生都能熟练掌握英语知识的目的。

第三，翻转课堂可以提升学生的综合能力。在传统的教育模式中，教师可以尽量细致地讲解知识，但还是不能面面俱到，从而导致学生对某些英语知识没有深入的理解。教师如果设置一些简单的单词或者语法任务，并让学生独立完成，这会加深其对这部分知识的理解程度。学生在提前预习的情况下再听课会产生显著的效果。

二、信息化时代高校英语翻转课堂的教学角度

（一）从教师的角度分析

第一，高校英语教师的教学能力以及学历都是比较高的，这就为其很好地接受新的教学工具和模式奠定了坚实的基础。就目前的趋势看，高校英语教师趋于年轻化，新鲜血液的注入更有益于团队的发展，有益于翻转课堂教学模式的实施与推广。第二，教师凭借自身的创造力与创新意识，再加上原有的教学经验，在翻转课堂的创新教学这条路上，可以走得越来越远。第三，如今高校

的英语教师的信息技术操作水平普遍较高，教师能够熟练地操作各种各样的计算机软件，同时，可以进行各种教学资源以及多媒体资源的处理，这是一个良好的基础。

（二）从学生的角度分析

第一，随着年龄的增长，学生在思想方面逐渐趋于成熟，就当前国内高校的学生来看，在没有外界因素影响的环境下能够进行自主学习，同时，能够独立制订一套学习计划，从而把握好学习的节奏。第二，学生自身的英语综合能力较好，能够顺利地与他人进行沟通，并能在这个过程中，准确地阐述自己的观点，这为翻转课堂的应用提供了一个有利的基础条件。第三，翻转课堂对当代高校学生而言，可以令其更好地支配时间，从而达到更加高效的学习效果。

（三）从教学环境的角度分析

第一，在现阶段的高校英语课程中，教师大多数采用多媒体的教学方式，主要使用计算机来制作各种各样的多媒体课件，然后在课堂上采用观看课件的形式进行教学，实现了教学方式的创新。另外，学生还能在课后使用各种各样的多媒体平台进行复习或者预习。第二，在此种教育模式的背景下，各大高校的多媒体设施比较完善，从而为翻转课堂提供了完善的基础设施。第三，在进行了大型的教学改革以后，各大高校的信息化水平有了大幅提升，高校教师普遍能够熟练地使用网络平台或者其他的电子平台来与学生进行交流。

三、信息化时代高校英语翻转课堂的教学实践

高校英语翻转课堂的实践教学，主要有两大板块：一个板块是微课录制；另一个板块是课堂教学环节。

（一）翻转课堂活动

1.课前活动

在讲授新知识之前，教师可以根据授课内容，提供一些让学生预习的基础资料，例如，语言知识点的解析，教师可以设计相应的思考题，在学习通 App 上发布，供学生预习。在预习的过程中，学生首先需要自主学习基础语言点；其次，根据讨论话题的不同特点，学生需要独立思考，理解文章内涵，搜索并整理资料，组织语言。这个过程充分调动了每个学生的主动性，锻炼了学生的自主学习能力、资料检索能力，以及独立思考、分析问题、解决问题的能力。

2.课堂活动

在课堂上，学生以小组为单位，围成圆圈。每个小组成员首先把自己对讨论的话题的结果分享给小组成员。其次，小组成员结合每位同学的精髓思想，组织整理出最佳答案。在见解不一致时，学生相互讨论，提出各自的观点，必要时教师予以帮助。最后，每个小组安排一位成员上台进行学习成果展示，小组和小组之间可以进行生生互评，互相借鉴。为了增强学生展示的积极性、主动性及精彩性，在实际操作中，教师可以采取各种评比方式，及时进行点评、表扬或鼓励。通过学生课堂汇报学习成果等形式的课堂展示，教师能了解学生哪些问题已经得到解决，哪些问题学生没有解决。

（二）翻转教学内容

在学生带着问题进行思考、小组讨论、生生互评之后，学生通常会解决一些基础的问题，留下一些综合性较强，或者较为复杂的问题。这时，教师根据教学内容，结合学生的课堂讨论输出，进行微课录制。微课要求知识点准确，少而精，并进行多视角的讲解。在微课上的每一个知识点，在结构上要直奔主题，抓住知识重点，切入学生薄弱点；在内容上要有理有据；在形式上要声画同步，容易传递。教师也可以借助国家精品课程网和相关英语资源网络等优质开放教育资源制作微课。因为微课内容是针对学生在主动思考和探讨后遗留下的疑难点和课程的重点，从而激发学生极强的求知欲望，积极主动地投入到微课的学习中去。翻转课堂是混合型的学习模式，这种自主学习是让学生带着问题在课堂上与教师和同学进行探讨的过程，促使学生学会思考、学会学习，将学习的知识转化为解决问题的能力。

传统的高校英语教学模式目前已不能够适应高校学生的需求，阻碍了高校学生的实际应用英语的能力以及独立思考的能力。翻转课堂的教学模式是比较适用于高校英语教学活动的模式。通过分析师生互动与高校环境可以看出，教师方面具有展开翻转课堂教学模式的接受能力以及创新能力，学生方面具有自主学习的意识以及学习能力。同时，高校的信息化水平为翻转课堂的教学模式奠定了良好的基础。翻转课堂模式更加注重学生独立自主地完成知识的吸收，并且通过使用互联网工具降低吸收知识的难度，从而提高学生的学习兴趣。

参考文献

[1]闫冰.信息化背景下高校英语教学创新发展路径：评《信息化背景下高校英语教学创新研究》[J].中国教育学刊，2024（5）：130.

[2]龚扬.高校英语教学信息化建设的理论与实践：评《信息化背景下高校英语教学创新研究》[J].应用化工，2024，53（2）：526.

[3]宋玉琴.信息化背景下高校英语教学的创新发展：评《信息化背景下高校英语教学创新研究》[J].科技管理研究，2023（24）：237.

[4]常霄，周婷.大学英语教学理论与词汇教学融合发展探究：评《信息化背景下高校英语教学创新研究》[J].外语电化教学，2023（5）：98.

[5]崔式蓉.信息化赋能高校英语教学高质量发展：评《高校英语信息化教学研究》[J].中国油脂，2023，48（6）：160.

[6]匡荣."互联网+"背景下高校英语专业综合英语课程的教学探究：评《信息化时代高校英语教学研究》[J].中国科技论文，2023，18（3）：366.

[7]薛娜.新时代高校英语教学信息化移动学习的模式构建研究[J].湖北开放职业学院学报，2022，35（11）：168-169.

[8]刘茜.信息化教育下高校英语教学模式改进研究：评《信息化背景下大学英语教学研究》[J].科技管理研究，2022，42（7）：258.

[9]杨楠.信息化时代高校英语教育转型路径及意义：评《信息化时代高校英语教学研究》[J].中国科技论文，2022，17（1）：119.

[10]师海歌.信息化时代大学英语教育对国际化人才培养的意义探究：评《信息化时代高校英语教学研究》[J].人民长江，2021，52（7）：233.

[11]崔立平，郝夕淳.信息化时代大学英语教学新走向：评《信息化时代高

校英语教学研究》[J].中国科技论文，2020，15（12）：1471.

[12]向华.信息化时代高校英语课堂教学创新改革：评《信息化时代高校英语教学研究》[J].林产工业，2020（8）：111.

[13]韩娜娜.现代信息技术与高校英语教学融合发展研究：评《高校英语信息化教学研究》[J].教育发展研究，2020，40（12）：86.

[14]侯小莉.信息时代高校英语教学管理工作探究：评《高校英语信息化教学研究》[J].科技管理研究，2020，40（9）：257.

[15]朱晓萍.信息化时代高校英语课堂教学创新改革：评《信息化时代高校英语教学研究》[J].中国高校科技，2019（12）：106.

[16]刘洋，李蕾，王晓丹.新时期高校英语教学模式改革策略：评《高校英语信息化教学研究》[J].中国高校科技，2019（12）：107.

[17]李万立.网络信息技术在高校英语教学中的应用研究：评《信息化时代高校英语教学研究》[J].中国科技论文，2019，14（11）：1271.

[18]顾征.构建高校英语多模态话语理论的教学模式：评《信息化时代高校英语教学研究》[J].高教探索，2019（11）：138.

[19]陆美.信息化时代高校英语教学创新研究[J].国际公关，2019（10）：45-46.